Ursula Flach

Monika Friedrich/Gitta Trauernicht

EINDEUTIG – ZWEIDEUTIG

Mädchen – Sexualität – Jugendhilfe

VOTUM Verlag 1991

Die Deutsche Bibliothek - CIP-Einheitsaufnahme

Friedrich, Monika:
Eindeutig - zweideutig : Mädchen - Sexualität - Jugendhilfe /
Monika Friedrich ; Gitta Trauernicht. - Münster : Votum-
Verl., 1991
ISBN 3-926549-48-3
NE: Trauernicht, Gitta:

Studtstraße 20
4400 Münster

Umschlaggestaltung: Melanie Flood, Münster
Umschlagfotos: Gabriele Bültmann, Sandra Melcer
Druck: Druckwerkstatt, Münster

ISBN 3-926549-48-3

Inhalt

Einleitung

In den letzten Jahren ist eine erkennbare Öffentlichkeit für die spezielle Lebenswelt und hieraus resultierende Problemlagen von Mädchen und Frauen entstanden. Die Konkretisierung dieser Analysen in verschiedenen gesellschaftlichen Handlungsfeldern hat auch dazu geführt, daß in der Jugendpolitik und Jugendhilfe eine konzeptionelle und praktische Entwicklung eingesetzt hat, die sich bewußt und auf breiterer Ebene als in zurückliegenden Phasen mit der spezifischen Situation "junger Frauen und Mädchen" beschäftigt. Ein deutlicher Beleg hierfür ist der 1984 vorgelegte 6. Jugendbericht der Bundesregierung, dessen Themenstellung lautet: "Verbesserung der Chancengleichheit von Mädchen in der Bundesrepublik Deutschland".

Ausgangspunkt der Entwicklung einer speziellen Mädchenarbeit und -forschung war die Erkenntnis, daß der Verzicht auf eine geschlechtsspezifische Analyse der Lebenswelt von Jugendlichen zu einer Subsumption von differierenden Problemlagen unter allgemeinen Aspekten zu einer Festschreibung der unterprivilegierten Situation von Mädchen führt (vgl. u.a. Heinrich 1983, S. 137f.). Dies resultiert nach Münder/Slupik (1984) in einem Unterlassen einer auf die Zielgruppe Mädchen bezogenen kompensatorischen Ausgleichung durch die Jugendpolitik und Jugendhilfe. Sie weisen darauf hin, daß eine sachgerechte Interpretation des Artikels 3 Grundgesetz (GG) über ein Verbot von Diskriminierungen hinausgehend die Verpflichtung erhält, bestehende Ungleichheiten wie direkte und auch indirekte rechtliche Diskriminierungen durch kompensatorische Rechtsregelungen und darauf aufbauenden Handlungen entgegenzuwirken. Auf Diskriminierung und fehlende kompensatorische Angebote in allen Bereichen der Jugendpolitik weisen zahlreiche sozialwissenschaftliche Untersuchungen hin.

Inzwischen entwickelt sich in der fachpolitischen Diskussion eine zunehmende Sensibilisierung für die Notwendigkeit eines geschlechtsspezifischen Zugangs und hierauf bezogener Handlungsansätze, die der besonderen Situation von Mädchen Rechnung tragen, um Diskrimierung abzubauen und Chancengleichheit von Mädchen zu fördern.

Mit dem neuen Kinder- und Jugendhilfegesetz wird die Jugendhilfe darauf verpflichtet, "bei der Ausgestaltung von Leistungen und der Erfüllung der Aufgaben (...) die unterschiedlichen Lebenslagen von Mädchen und Jungen zu berücksichtigen, Benachteiligungen abzubauen und die Gleichberechtigung von Mädchen und Jungen zu fördern" (§§ 9 SGB VIII).

Die vorliegende Arbeit verfolgt zum einen das Ziel, die mädchenspezifischen Diskriminierungen herauszufiltern. Zum anderen wird exemplarisch aufgezeigt, welchen Inhalten sich die fachpolitische Diskussion in Bereichen der Jugendpolitik und Jugendhilfe in den letzten Jahren zugewandt hat und wo und inwieweit sich die Ergebnisse der Sensibilisierung für die Notwendigkeit eines geschlechtsspezifischen Zugangs in konkrete Handlungsansätze und Projekte für eine adäquate Zusammenarbeit umsetzen lassen.

Im ersten Kapitel von Teil I wird herausgearbeitet, daß die Elemente mädchenspezifischer Sozialisation die Entwicklung der drei Aspekte der Identität, den der geschlechtlichen, der sexuellen und der persönlichen Identität, entweder hemmen oder schwierig machen und somit die Möglichkeit zu sexueller Selbstbestimmung für Mädchen stark einschränken, sie konflikthaft gestalten oder verunmöglichen.

Daran schließt eine Diskussion der Ergebnisse der Forschung zu Jugendsexualität an. Daß sich dieses Kapitel mit *Jugend*sexualität befassen muß, wirft ein bezeichnendes Licht auf den Stand der Forschung: Es gibt keine eigenständigen empirischen Untersuchungen zu Mädchensexualität. In der Analyse der Ergebnisse dieser Forschung stehen zwei Bereiche menschlicher Sexualität im Mittelpunkt: Masturbation als sexuelle Praxis, die zum einen als Phase sexueller Entwicklung gelten kann, zum anderen aber auch Aussagen zum Verhältnis dem eigenen Körper gegenüber zuläßt, und Koituserfahrung.

Sexualität wurde und wird immer wieder als ausschließlich hetero-geschlechtliche Beziehung verstanden und klammert systematisch homoerotische Formen und Sexualität zwischen Mädchen untereinander aus und zeigt auf, daß Mädchen selber – vor dem Hintergrund ihrer Sozialisation – gleichgeschlechtliche Beziehungen abwerten und, nach einer Erkundungsphase in der Pubertät, sich männlich dominierte Vorstellungen von menschlichen Beziehungen – wenn auch nicht mehr ganz ungebrochen – aneignen.

Der Problemkreis AIDS hat die Sexualitätsdiskussion der letzten Jahre sehr stark bestimmt, handelt es sich doch um einen Krankheitskomplex, der Sexualität als potentiell positiv besetzten Bereich menschlichen Lebens mit Leiden und Tod in Verbindung bringt. Im vierten Kapitel wird der Versuch unternommen zu verdeutlichen, wie diese Krankheit ihre spezifischen Auswirkungen auf die Sexualität von Mädchen entfaltet und – gleichsam zusätzlich – die Möglichkeiten von Mädchen, Handlungsautonomie und Kontrolle über ihre Sexualität zu gewinnen, einschränkt.

In ähnlicher Weise hat die Diskussion um sexuelle Gewalterfahrungen von Mädchen und ihre Auswirkungen auf die Identitätsentwicklung dieser Mädchen die (Fach-)Öffentlichkeit in den letzten Jahren bewegt. Die Auseinandersetzungen mit dieser Problematik in Kapitel fünf dieser Arbeit machen deutlich, daß die mädchenspezifischen Einschränkungen der sexuellen Selbstbestimmung krisenhafte Zuspitzungen durch sexuelle Gewalterfahrungen erfahren.

Aus der Diskussion um spezifische Aspekte weiblicher Sozialisation und Gefährdungen der Identitätsentwicklung von Mädchen lassen sich Forderungen ableiten, die die Arbeit mit Mädchen anleiten sollten und ihnen Hilfen anbieten, ihr Selbstbewußtsein als Mädchen zu stärken und ihre Handlungsautonomie auf- und auszubauen (vgl. Kapitel 6).

Wie die Erkenntnisse mädchenspezifischer, sozialisationstheoretischer und Identitätsentwicklungs-Diskussionen Eingang in die Jugendhilfediskussion und -praxis gefunden haben, zeigt Abschnitt II der vorliegenden Arbeit.

Das erste Kapitel dieses Teils der Arbeit befaßt sich mit Mädchenarbeit in der Jugendhilfe, zeichnet Diskussionslinien solcher geschlechtsspezifischen Zugänge nach und verdeutlicht, daß die Verbesserung der Lebenssituation von Mädchen fachpolitisch zunehmend ins Blickfeld genommen wird; man kann jedoch noch nicht sagen, daß Mädchenarbeit in der Praxis unbehindert leistbar ist, sie ist vielmehr nach wie vor hohem Legitimationsdruck ausgesetzt und erfährt direkte wie indirekte Diskriminierung in allen Feldern der Jugendhilfe.

In Kapitel 2 wird vor dem Hintergrund mädchenspezifischer Diskriminierungen die Notwendigkeit aufgezeigt, die Fachkräfte beiderlei Geschlechts in ihrer Arbeit für geschlechtsspezifisch bedingte Lebenslagen, Interessen und Bedürfnisse und ihre Berücksichtigung in der Jugendarbeit zu sensibilisieren.

Anhand authentischer Beispiele wird dann (vgl. Kapitel 3) die Problematik von Mädchen-Sexualität in Heimerziehung und Jugendpsychiatrie thematisiert und herausgearbeitet, daß Individualisierung der Problemlagen von Mädchen bei gleichzeitiger Anwendung des familienbezogenen Defizitmodells, Pathologisierung durch Rückgriff auf psychiatrische Einrichtungen und Stigmatisierung durch Sexualisierung und Fokussierung bei weitgehendem Verzicht auf sozialstrukturelle und konflikttheoretische Deutungsmuster eine verkürzte Sichtweise in Theorie und Praxis von Jugendhilfe kennzeichnen.

Seit Beginn der 80er Jahre ist eine größere Sensibilisierung für die Problematik des sexuellen Mißbrauchs an Mädchen und der für dieses Problem als unzulänglich erkannten Praxis der Jugendhilfe zu verzeichnen. Kapitel 4 umreißt den Rahmen, innerhalb dessen sich eine Entwicklung hin zu Kriseninterventionsangeboten für Mädchen, wie die Einrichtung von Mädchenhäusern, abzeichnet.

Die fachliche Diskussion um Inhalte und Konzepte solcher Hilfen ist jedoch noch nicht abgeschlossen. Das Kapitel stellt an Beispielen verschiedene konzeptionelle Argumentationslinien vor und verdeutlicht, daß sich das System der Jugendhilfe gegenüber Innovationen – und besonders frauenpolitischen Innovationen – häufig genug noch als außerordentlich resistent erweist.

Über Kristeninterventionsangebote für Mädchen mit sexueller Gewalterfahrung hinaus wird in Kapitel 5 exemplarisch das Konzept einer Einrichtung der Jugendhilfe vorgestellt, die Mädchen mit Kindern ganzheitlich sexualpädagogisch betreut und attraktive Alternativen zum Leben mit ihnen und für sie erarbeitet. Ebenfalls exemplarisch folgt eine Übersicht über Angebote einer Region für Mädchen mit sexueller Gewalterfahrung. Hier werden Konzepte einzelner Einrichtungen vorgestellt, die innovative Umsetzungen parteilicher Mädchenarbeit innerhalb der Jugendhilfe leisten und damit Impulse für den weiteren Ausbau mädchenspezifischer Projekte auch in anderen Feldern der Jugendhilfe setzen können.

In einem letzten Kapitel wird dann gleichsam ein Überblick über den "Stand der mädchenspezifischen Arbeit" in der Jugendhilfe mit Fortschritten und noch ausstehendem Reflexions- und Handlungsbedarf vermittelt.

Münster, im Juli 1991
Die Autorinnen

I MÄDCHEN UND SEXUALITÄT

1. Geschlechtsrollenidentität und Sozialisation

Wenn ich einen Tag lang ein Junge wäre ...

"Ich würde erst mal ein paar Mädchen anmachen ... Das klingt vielleicht jetzt komisch, aber ich würde wohl jedes Mädchen, was ich kennenlernen würde, stempeln. Aber auch nur, wenn sie es auch will ... Auf jeden Fall würde ich bestimmt jeden Tag in der Stadt rumlümmeln. Ich würde natürlich jedesmal beim Miteinanderschlafen eine Lümmeltüte verwenden. Es könnte ja sein, daß die Tussi, die ich mir aufgerissen habe, irgendeine Geschlechtskrankheit hat. Meine Freundin müßte hübsch sein, gute Figur haben und sauber sein und natürlich gut riechen."[1]

Es bleibt der Leserin, dem Leser überlassen, über das Bild von Jungen, das dieses Mädchen hier zeichnet, nachzudenken. Von Interesse im vorliegenden Kontext ist jedoch, welche Sichtweise von "sich als Mädchen in der Gesellschaft", welche Erfahrungen und Sozialisationsergebnisse über das Medium der "Rollenübernahme" erkennbar werden: Mädchen werden von Jungen "angemacht", werden "gestempelt" (aber auch nur, wenn sie es auch wollen), Mädchen sind potentielle Träger von ansteckenden Krankheiten, müssen "hübsch sein, eine gute Figur haben, sauber sein und gut riechen", um zur Geschlechtspartnerin von Jungen zu taugen, werden aber gleichzeitig als "Tussi" bezeichnet, wenn sie sich "aufreißen" lassen. Das Mädchen nimmt sich als Sexualobjekt wahr. Wie kommt es zu solchen Wahrnehmungsweisen?

Faßt man Sozialisation als "Aneignung der objektiven Strukturen einer bestimmten historisch gewordenen Gesellschaft von dem gesellschaftlichen 'Standort' des Individuums aus" (Holzkamp 1973, zit. nach Bilden 1980, S. 785; Hervorhebungen im Original), dann steht die Aneignung als aktive Tätigkeit des Individuums an seiner Entwicklung und Vergesellschaftung im Vordergrund der Aussage.

---

[1] Mädchen, 15 Jahre alt, Hauptschule, Mittelstadt Nordrhein-Westfalen, Herbst 1988; nur unwesentlich gekürzter Aufsatz, wörtlich zitiert.

Ein Kind setzt sich über den Umgang mit Dingen und Personen mit den gesellschaftlichen Anforderungen auseinander und baut allmählich eine, diesen objektiv-strukturellen Anforderungen "mehr oder weniger entsprechende subjektive Struktur (Persönlichkeitsstruktur) mit bestimmten Bedürfnissen, Fähigkeiten, Wahrnehmungsweisen, Fertigkeiten ... auf" (Bilden 1980, S. 785). Das Kind wird damit in einen über mehrere Etappen gegliederten Prozeß zu einer handlungsfähigen Person; es entwickelt eine Identität.

Versteht man unter Identität die Kontinuität des Selbsterlebens vor dem Hintergrund eines Selbstbildes, so ist mit Blick auf die sexuelle Entwicklung von Mädchen zu fragen, welche gesellschaftlichen Erwartungen an dieses Mädchen herangetragen werden, die es dann handelnd in seinem Selbstbild als Mädchen integriert. So verdeutlicht z.B. Hagemann-White (1984, S. 49/50), daß "die Tendenz von Erwachsenen, unterschiedliche Wahrnehmungen und unterschiedliche Erwartungen bei weiblichen und männlichen Kindern zu bilden", relativ gut in den Forschungen zur frühkindlichen Sozialisation belegt sind. "Bei Erwachsenen in unserer Kultur scheint ... das Geschlecht die erste und wichtigste Information zu sein, die auch bei flüchtiger Interaktion bemerkt wird. Erwartungshaltungen beeinflussen die Deutung einer Lebensäußerung eines Kindes, und diese Erwartungen sind durch das Geschlecht im Sinne der bekannten Stereotypen ausgerichtet" (Unger 1979, S. 20ff.).

Das weibliche Geschlechtsrollenstereotyp beinhaltet die von Mädchen und Frauen erwarteten Verhaltensweisen und Bewußtseinselemente, die sich im Selbstbild der Mädchen als Grundlage ihrer Handlungsfähigkeit niederschlagen. Solche Verhaltensweisen und Bewußtseinselemente sind z.B. das Aufgehen im Anderen, persönliche Teilnahme am Anderen, Sensibilität, Ausdruck/Expressivität, nichtvertragliche Kooperation. Dazu gehören auch Nähe zur Natur (physische Reproduktion: Kinderkriegen), Weib als das Geschlechtliche per se. Die sozial erwünschten Eigenschaften des weiblichen Geschlechtsrollenstereotyps zentrieren um den Faktor Wärme/emotionale Ausdruckskraft. Diese sozial erwünschten Eigenschaften gehören ganz offensichtlich der Reproduktionssphäre an; sie sind die Beziehungsformen der für die Reproduktion, die Menschlichkeit und Mitmenschlichkeit, die Fürsorge für leibliches und psychisches Wohl zuständigen Hausfrau und Mutter usw. (vgl. Bilden 1980, S. 786). Solche Inhalte des Geschlechtsrollenstereotyps bilden also gleichsam die Folie, auf der Mädchen ihr Selbstbild, ihre Identität entwickeln. Sind sie auch heute nicht mehr ungebrochen und widerspruchsfrei, so leiten diese Geschlechtsrollenstereotype doch noch weitgehend die Art, wie Mädchen sich schon als Kinder die Welt, besonders auch ihren Körper, ihre Sexualität aneignen.

Im folgenden wird versucht, die Inhalte des Textes auf dieser Folie – um im Bild zu bleiben –, die das weibliche Selbstbild bestimmen, näher zu beschreiben. Es ist heute unumstritten, daß menschliche Sexualität von Geburt an besteht und daß "ihre Ausformung weitestgehend von Umweltfaktoren mitgeprägt ist. Dies bedeutet auch, daß Sexualerziehung von Anfang an stattfindet und nicht erst dann, wenn sie bewußt, meist als Aufklärung, an die Kinder herangetragen wird ... (sie) bezieht die Erfahrung des eigenen Körpers, der eigenen Lust und die kindliche Onanie mit ein" (Haarbusch/Jochens 1985, S. 149). Es ist weiter unumstritten, daß die frühen Erfahrungen emotionaler und körperlicher Zuwendung, ob z.B. einem Mädchen das "lustvolle Erleben des eigenen Körpers gestattet oder verboten wird, ob es für das Berühren seiner Geschlechtsorgane bestraft wird oder nicht ..., im wesentlichen die Einstellung des Kindes und auch des Erwachsenen zu seinem Geschlecht, seiner Sexualität und seinem Körper" bestimmen. "Ein Kind, daß nie erfahren hat, daß seinem Geschlecht und seinem Körper Zuneigung entgegengebracht wurden, wird es schwer haben, selbst eine positive Einstellung hierzu zu entwickeln" (Haarbusch/Jochens 1985, S. 149). Mädchen erfahren in ihrer psychosexuellen Entwicklung, daß ihrer Körperlichkeit mehr einschränkende, zurückhaltende und ambivalente Erwartungen entgegengebracht werden. Ihre räumliche Bewegungsfreiheit wird stärker eingeschränkt, sie sind häufiger rigiderem Reinlichkeitstraining ausgesetzt, werden so stärker körperfeindlich erzogen (vgl. Bilden 1980, S. 789; Bast 1988, S. 28). Mädchen erfahren also ihren Körper als etwas, dem mit Vorbehalten, Einschränkungen und der Aufforderung zur Enthaltsamkeit begegnet wird.

Geschlechts-spez. Soz. Auswirkung

Im familiären Raum werden zwar die am Geschlechtsrollenstereotyp orientierten Erwartungshaltungen noch in der Schwebe gehalten, denn Mütter gewähren ihren Kindern geschlechtsrollenunabhängige Freiräume, so daß kleinen Mädchen im Binnenraum der Familie durchaus auch geschlechtsrollenuntypische Verhaltensweisen zugebilligt werden. Kommt das kleine Mädchen dann in den Kindergarten, so sieht es sich mit neuen Anforderungen einer Gesellschaft konfrontiert, mit der es noch kaum in Kontakt gekommen ist. Hier gelten die am Geschlechtsrollenstereotyp orientierten Erwartungen und Verhaltensanforderungen. Im hier vorliegenden Kontext sollen nur diejenigen angesprochen werden, die die "Welt" der Körperlichkeit und Sexualität betreffen, die sich das Kind handelnd aneignen muß, um eine Identität als Frau aufzubauen.

Im Kindergarten gibt es nicht nur je unterschiedliche Lehr- und Lernangebote für kleine Mädchen und kleine Jungen, sondern es wird oft auch die Tendenz deutlich, Jungen und Mädchen "je gegeneinander auszuspielen und auf diese Weise nicht nur Konkurrenzverhalten, sondern auch Barrieren z.B. des Mißtrau-

ens gegenüber dem anderen Geschlecht aufzubauen" (Bast 1988, S. 39). So berichtet z.B. Bellotti von verbalen Eingriffen wie: "Spiel doch nicht mit den Jungen, du weißt doch, daß sie dir nur weh tun!", "Komm nachher ja nicht und beklag dich, daß sie stoßen und zwicken, du weißt ja, wie Jungen sind" (1981, S. 129). Solche Interventionen vermitteln den Mädchen, sie seien hilflos, wehrlos und müßten passiv bleiben, sich zurückziehen, ihre Physis sei von Jungen bedroht. Das Mißtrauen und die Angst vor physischen Übergriffen sind gleichsam "Inhalte eines heimlichen Lehrplans", die das Selbstbild von Mädchen negativ beeinflussen. Das kleine Mädchen lernt, sich als körperlich bedroht und verletzbar zu sehen. Diese Lernerfahrungen bezüglich der körperlichen Verletzbarkeit verstärken sich für kleine Mädchen – besonders wenn sie älter werden – durch eine zunehmende Tendenz zu stärkerer Beaufsichtigung. Mädchen werden, wie Hagemann/White über Ergebnisse von Newson und Newson berichtet, "allgemein dazu angehalten, in der Nähe der Wohnung zu bleiben, sich nur dort frei zu bewegen, wo verantwortliche Erwachsene einen Überblick über das Geschehen haben" (1984, S. 53). Mädchen werden mehr zum Spielen in der Wohnung angehalten, geraten damit stärker – und ganz unbeabsichtigt – unter den Druck der normalen Erwartungen der Erwachsenen. Besonders, wenn Mädchen längere Wege allein zurücklegen müssen (z.B. Schulwege), richtet sich die elterliche Sorge auf die Möglichkeit sexuellen Mißbrauchs und auf den dadurch besonders für Mädchen erforderlichen Schutz.

Neben der damit verbundenen "Einschränkung von Erfahrungschancen und der ständigen Präsenz der Kontrolle von Erwachsenen teilt Beaufsichtigung den Mädchen stumm mit, daß die Welt draußen von diffuser Gefährlichkeit ist" (Hagemann/White 1984, S. 53) und behindert die weitere Ausbildung von Zutrauen zu sich selbst und von Sicherheit bezüglich der Selbstbestimmung über den eigenen Körper. einfügen

Nach der Grundschulphase und besonders mit Beginn der Pubertät machen Mädchen im schulischen und familialen Raum, aber auch "draußen", verstärkt Erfahrungen und treffen auf Erwartungshaltungen und Erziehungsbemühungen, in deren Zentrum ihre Sexualität steht. Unter Pubertät soll hier – über die biologische Reifung hinaus – ein Prozeß verstanden werden, in dem das Individuum seine Identität weiter ausbildet und stabilisiert. Im folgenden soll nun untersucht werden, inwieweit es Mädchen möglich ist, ein stabiles Selbstbild in bezug auf ihre Geschlechtlichkeit aufzubauen. Hilfreich für eine solche Untersuchung erscheint in diesem Zusammenhang die Aufteilung des Identitätsbegriffes in drei Aspekte, die Hammer vorschlägt: Die geschlechtliche Identität, die sexuelle Identität und die persönliche Identität (Hammer 1977, zit. bei Savier/Wildt 1978, S. 48).

Die geschlechtliche Identität umfaßt dabei die Vorstellungen, die ein Mädchen von sich als Mädchen/Frau in der Gesellschaft hat, wie es gelernt hat bzw. lernt, sich selbst als Mädchen, als weiblich zu verstehen. Hier geht es sowohl um die "Bilder", die gelebten Modelle, z.B. der Mütter und anderer Frauen in der Gesellschaft, aber auch um die Bilder und Modelle, die die Medien und Sozialisationsinstanzen wie Schule, Familie und Einrichtungen der Jugendarbeit vermitteln.
Die sexuelle Identität bezieht sich darüber hinaus auf die Sichtweise des Mädchens von sich als Frau, als biologisches Wesen mit dem damit verknüpften Verhältnis zu ihrem Körper und ihrer Sexualität.

Die persönliche Identität schließlich umreißt das Bewußtsein des Mädchens von sich als eigenständiger Persönlichkeit, als Individuum mit der Möglichkeit, autonom zu handeln und selbstbewußt Beziehungen zu anderen Menschen aufzubauen und aufrechtzuerhalten (vgl. Savier/Wildt 1978, S. 48ff.). Die Autorinnen gehen davon aus, daß "Mädchen zu Beginn der Pubertät sehr bald über eine Geschlechtsidentität" (1978, S. 48) verfügen. Dem ist entgegenzuhalten, daß gerade die Entwicklung dieses Aspektes der Identität in der Phase der Pubertät einen breiten Raum einnimmt, sich das Bild von sich als Mädchen/Frau in der Gesellschaft in dieser Zeit – und oft höchst widersprüchlich – weiterentwickelt und konsolidiert. Die Ausbildung und Ausformulierung des Identitätsaspektes Geschlechtsidentität wird wesentlich mitbestimmt durch die sozialen Erfahrungen, die das Mädchen in Elternhaus und Schule, aber auch außerhalb, z.B. in der Jugendarbeit, macht.

Das Elternhaus reagiert auf das Heranwachsen der Tochter weitgehend mit Verschärfung von Kontrollen und mit Intensivierung von Verboten und Einschränkungen der Bewegungsspielräume. Hierbei handelt es sich um Einschränkungen, "die ... mehr oder weniger explizit die Gefährdung des Mädchens als sexuelles Wesen zum Inhalt haben. Nunmehr werden Aktivitäten verboten, die vorher noch erlaubt waren, und Grenzen gesetzt, die erkennbar für Jungen gleichen Alters nicht gelten" (Hagemann/White 1984, S. 99). Nicht mehr die diffuse Gefährdung durch sexuellen Mißbrauch bestimmt jetzt diese Einschränkungen, sondern die nun als möglich erscheinende eigene Sexualität der Mädchen. Hier tritt eine "stark ambivalente Haltung der Mutter zur Sexualität der Tochter zutage. Sie ist nicht mehr nur ein Neutrum, daß vor dem ungeheuerlichen Mißbrauch eventueller Triebtäter zu schützen ist, wie die Schulanfängerin. Einschränkungen, Regeln des Beschützens, Aufklärung und Sorge gehen nunmehr von der Annahme aus, daß das Mädchen selbst sexuell aktiv werden könnte, ohne die Folgen für sich zu übersehen" (Hagemann/White 1984, S. 99; vgl. auch Savier/Wildt 1978, S. 87). Im Hintergrund dieser Sorge stehen aber nicht nur Ängste bezüglich des zu "frühen" und "unverantwortlichen" sexuellen Handelns der Tochter, sondern auch die Normalitätsvorstellung der Mütter von Heterosexualität. Stößt auch das Leitbild der berufstätigen Frau mit materieller Unabhängigkeit, einer eigenen beruflichen Karriere, besonders durch die Medien vermittelt, weitgehend mehr auf Zustimmung, so sind doch gleichzeitig die Lebenswelten der Mädchen durch andersgeartete Erfahrungen und Erwartungshaltungen an sie geprägt. Mütter und Frauen in der Umgebung der Mädchen, so betont z.B. Bast (1988, S. 230), verlassen "den einmal eingeschlagenen Weg in die Unabhängigkeit über Beruf und Karriere trotz verheißungsvoller Ansätze oft vorschnell zugunsten von Familie und Kindern ..., um sich einem ... Mann zuzuwenden und ihr Leben als Privatfrau fortzusetzen." Familienorientierung, so führt Bast weiter aus, kann "in diesem Zusammenhang nicht losgelöst von weiblichem Denken und Handeln allgemein betrachtet werden."

Hier entstehen die Brüche im Selbstbild der Mädchen, die durch "eine sexuelle Kultur von 'Sittsamkeit und Sinnlichkeit', die nach wie vor gesellschaftlich funktionale Form der Triebgestaltung, die für Mädchen und Frauen von jeher Konfliktpotential enthält" (Trauernicht 1988, S. 5), bestimmt sind. Einerseits soll sich das Mädchen noch immer an den von Sittsamkeit (sexuelle Enthaltsamkeit, Warten auf den "richtigen" Mann) gesetzten Normen und Verhaltensvorstellungen orientieren. D.h., es soll auch akzeptieren, daß weibliche Sexualität als etwas Negatives gesehen wird, das nur im Rahmen der traditionellen Ehe mit vorwiegend Fortpflanzungsfunktionen seinen Sinn erhält. Andererseits muß gerade, um den "richtigen" Mann zu finden, das äußere Erscheinungsbild den Weiblichkeitsidealen von Attraktivität, erotischer Ausstrahlung, Sinnlichkeit angepaßt werden. Mädchenpubertät ist demnach weithin gekennzeichnet durch eine Gratwanderung zwischen "sich bewahren und sich anbieten", die die Ausformung eines Selbstbildes als Frau und die Kontinuität des Selbsterlebens vor diesem Hintergrund zumindest erschweren, wenn nicht unmöglich machen.

In ihrer schulischen und außerschulischen Umwelt erfahren Mädchen zudem die vielfältigsten Formen von Anspielungen auf ihre zukünftige Rolle als Mädchen und Frau. Folgt man der wohl kaum umstrittenen Auffassung, daß die Schule zur zentralen gesellschaftlichen Organisation des Jugendalters geworden ist, "die den jugendlichen Alltag und die jugendliche Biografie stark beeinflußt" (Helsper 1988, S. 249), so läßt sich begründet vermuten, daß die Bilder von Mädchen und Frauen, die Inhalte der Geschlechtsrollenstereotypen, die sie vermittelt, beträchtliche Auswirkungen auf die Identitätsbildung haben können und haben werden.

Gerade der Bereich Sexualität ist in der Schule und Jugendarbeit einerseits nach wie vor nahezu völlig tabuisiert, andererseits ist schulischer und außerschulischer Alltag oft dadurch gekennzeichnet, daß "Jungen häufig beleidigende und schmähende (oft sexuell anzügliche) Bemerkungen zu Mädchen machen" (Spender 1985, S. 104). Es gibt im Schulalltag zahlreiche Belege dafür, daß Mädchen eine "unzulässige Reduzierung auf 'Frau = Sexualobjekt' erfahren und subtil bis massiv erfolgenden sexuellen Übergriffen bereits in der Schule ausgesetzt sind" (Bast 1988, S. 75). Hier werden für Mädchen Erfahrungen fortgesetzt, die sie oftmals im familialen Raum gemacht haben und noch immer machen: Besonders die Väter halten stärker als die Mütter an Grundhaltungen gegenüber ihren Töchtern fest, die an traditionellen Geschlechtsrollenklischees orientiert sind. Das trifft auch vor dem Hintergrund zu, daß Eltern heute bemüht sind, "Verständnis für ihre adoleszenten Kinder an den Tag zu legen, ihnen eher als Freunde denn als Autoritätspersonen zu begegnen, Entscheidungen gemeinsam zu treffen, Kompromisse auszuhandeln und sich in vieler Hinsicht den Jugendlichen anzupassen, anstatt Anpassung an eigene Prinzipien und Verhaltensmuster zu verlangen" (Schütze 1988, S. 243).

In der Schule setzt sich diese Tendenz besonders über die Erwartungshaltungen und Verhaltenanforderungen von Lehrern und männlichen Mitschülern fort: "Gerade bei Koketterie und Flirt, wo es um ein Spiel mit Erotik geht, bei dem vieles ungesagt bleibt und das Gegenüber einen hohen Interpretationsfreiraum hat, tritt bei den Mädchen zu einem großen Teil die Übernahme einer *männlich geprägten Sicht von Sexualität* zutage, die nur allzuoft auch zu der eigenen gemacht wird" (Bast 1988, S. 78; Hervorhebung im Original; siehe auch das Eingangszitat der 15jährigen Hauptschülerin). Mädchen haben so Schwierigkeiten, ihre eigenen Bedingungen für sexuelle und soziale Interaktionen zu definieren. "Die Übernahme bzw. Existenz männlich definierten Sexualverständnisses hat weitreichende Wirkungen: Bei den Mädchen geht es nicht nur um die Erreichung von Zielen mittels Einsatz 'weiblicher Reize', sondern sie werden dadurch auch in eine Art 'circulus vitiosus' geworfen, denn sexuelle Attraktivität wird für das Mädchen/die Frau als Voraussetzung für sexuelle Anerkennung eine wichtige anzustrebende Größe.

Von daher entstehen im Hinblick auf die Bildung des Selbstverständnisses und die Struktur des eigenen Verhaltens Zwänge, denen sich das Mädchen/die Frau fast nicht mehr entziehen kann. Auf der anderen Seite bleibt jedoch ein solches Verhalten nicht ohne Konsequenzen: Es wird oftmals als Legitimation für das Verständnis von der Frau als Sexualobjekt benutzt" (Bast 1988, S. 79). Dieser Teufelskreis bewirkt einen ständigen Anpassungsdruck, der das Bewußtsein von sich selbst, die Entwicklung des Selbstbildes in Richtung einer fremdbestimmten Sexualität fehlleitet und aufkommendes Selbstbewußtsein unterdrückt.

Neben Schule und Elternhaus wird in der Zeit der Pubertät für viele Mädchen die Gruppe der gleichaltrigen Mädchen immer bedeutungsvoller, da sie einen Freiraum von elterlicher Aufsicht und Kontrolle verspricht. Hinter elterlicher Kontrolle und Aufsicht verbirgt sich die Annahme, "daß das Mädchen sexuelle Wünsche hat; sie nehmen oft die Form an, sie in diese Richtung zu drängen, indem ihr z.B. nahegelegt wird, sich für männliche Blicke attraktiv zu machen" (Hagemann/White 1984, S. 99). Die Ambivalenz zwischen Sittsamkeit und Sinnlichkeit wird von der Gleichaltrigengruppe aufgegriffen. Einerseits schafft sie Möglichkeiten, sich dem elterlichen Drängen nach Wahrung der Unschuld durch Verhaltenseinschränkungen zu entziehen, andererseits "drängt die Gruppe darauf, nun endlich sexuelle Wesen sein zu dürfen. Körperfetisch, Ästhetik des Schönseins und Schönmachens für andere, Sexualisierung als Objekt für andere sind geeignet, eine gemeinsame Definition der Sexualität in der Gruppe herzustellen, während sexuelle Impulse per se nicht sonderlich gruppenfähig sind. Indem aber das sexuelle Selbstverständnis (gebrochen durch eine Kultur, in der die Frau sexuell als Objekt gilt) zum wesentlichen Thema der Gruppe wird und der Widerstand gegen die Einschränkungen der Eltern kristallisiert, gewinnt die Gruppe transistorischen Charakter ... Bezugspunkt der Gruppe ist eine neue Definition der Identität des Mädchens als sexueller Person, und dies ist es auch, was die Gruppe sprengt, wenn ein Mädchen einen Freund vorweisen kann" (Hagemann/White 1984, S. 99/100; vgl. auch Sielert 1985, S. 65ff.). Über die konkreten Erfahrungen in der Gleichaltrigengruppe wird ein Teil der Ambivalenz der Erwartungshaltungen des Elternhauses an das Mädchen und der damit verbundenen Diffusität der Geschlechtsidentität zwar aufgehoben, aber erneut in Richtung des gesellschaftlich Gewünschten verschoben.

Sowohl im Elternhaus als auch in Schule und Gleichaltrigengruppe – so kann zusammengefaßt werden – sind die Erfahrungen von Mädchen bezüglich ihrer "Geschlechtsidentität", die eines immer verbindlicher werdenden Anpassungsdrucks in Richtung des gesellschaftlich akzeptierten Frauenbildes, der gesellschaftlich verordneten Normalität, die eine sexuelle Selbstbestimmung einschränkt, weil sie durch männlich geprägte Normen und Werte fremdbestimmt bleibt.

Vor diesem Hintergrund einer verunsicherten Geschlechtsidentität wird es für Mädchen schwer, ein positives Verhältnis zu ihrem Körper zu entwickeln, eine positive *sexuelle Identität* auszubilden. Schmidt unterstreicht: "Männer und Frauen

mit einer unsicheren Geschlechtsidentität – und partiell unsicher, brüchig ist sie für uns alle – sind auch in ihrer Sexualität verunsichert ... Frauen mit einer verunsicherten Geschlechtsidentität haben oft Schwierigkeiten mit der Selbstannahme des Körpers, gerade auch der Genitalregion. Sie können die Vagina fantasieren als eine Wunde, etwas Verletztes, Häßliches und Abstoßendes, und da Sexualität mit den Genitalien gemacht wird oder *auch* mit den Genitalien, kann eine solche Abscheu ihre Sexualität einschränken, da sie dadurch mit dem vermeintlichen Manko konfrontiert werden" (Schmidt 1988, S. 86; Hervorhebung im Original). Wird hier vor dem Hintergrund einer verunsicherten Geschlechtsidentität eine eindeutig negative Beziehung zum eigenen Körper hergestellt, so wird in anderen Arbeiten zum Thema "Körperlichkeit", "Beziehung zum eigenen Körper" immer wieder betont, daß es an einer Entwicklung von Körperkonzepten fehle. So fragt Bilden (1980, S. 798), wie es kommt, daß Frauen "massenhaft frigide sind?, daß sie sich für sexuelle Befriedigung des Mannes eher verantwortlich fühlen, als für ihre eigene?, daß sie kaum wissen, was ihre sexuellen Bedürfnisse sind?, daß sie Taktiken entwickeln, ihren Körper, ihre Sexualität zu vermarkten?" Diese oder ähnliche Fragen werden von der Sozialisationsforschung weder gestellt noch beantwortet. Krüger (1987, S. 1) argumentiert ähnlich, wenn sie feststellt, daß "die sogenannte weibliche Rolle sich sehr stark über den Körper, das Geschlecht definiert, ... wir in soziologischen Definitionen der weiblichen Rolle Verhaltensvorschriften, Erwartungen und Normen [finden], die ohne den weiblichen Körper, sozusagen träger- und geschlechtslos formuliert und gedacht sind. Gleiches findet sich auch in der Literatur zur Erziehungspraxis und auch zur geschlechtsspezifischen Sozialisation, in der die Entwicklung von Körperkonzepten als wichtiger Teil der Identität weitgehend vernachlässigt wird." Auch der 6. Jugendbericht macht deutlich, daß in bezug auf die Körperlichkeit von Mädchen "beachtliche Forschungslücken" bestehen. "Die Kommission hält die Diskussion der Frage, wie *Mädchen* mit ihrem eigenen Körper umgehen und was er für sie in Kindheit und Jugend bedeutet, für eine der wichtigen Voraussetzungen dafür, Mädchen darin zu unterstützen, sich mit der gesellschaftlich ausgeformten Rolle als Mädchen und als Frau auseinanderzusetzen und diese selbst aktiv zu gestalten, statt sie als Stereotyp zu übernehmen und zu reproduzieren" (Krüger et al. 1988, S. 89; Hervorhebung im Original).

Die Tatsache, daß biologische Körpervorgänge, wie Menstruation "unsichtbar und unbemerkt bleiben" sollen, erschwert es, "Sicherheit im eigenen Körpergefühl zu entwickeln" (Krüger et al. 1988, S. 94) und beeinträchtigen die Möglichkeit der Ausbildung einer positiven sexuellen Identität.

→ b.w.

Rückt zudem bei den Mädchen und den anderen in ihrer Umgebung die Dimension sexueller Attraktivität in den Mittelpunkt, so wird "die Entwicklung einer neuen Körpersprache verlangt." Der Körper des Mädchens rückt zwar ins Zentrum der Betrachtung, "er entgleitet aber erneut der Selbstbestimmung der Mädchen, wird zum Objekt. Die über die Industrie noch verstärkten Anweisungen zur Erfüllung weiblicher Normen – Gestik, Mimik, Mode, Kosmetik, Diätplan – erhöhen die Verunsicherung und tragen zur Entwicklung des typischen 'Defizit-Blicks' (hier zu dick, da zu dünn, Taille schmaler, Beine länger ...) dem eigenen Körper gegenüber bei, so daß körperliche Selbstsicherheit im Umgang mit anderen nur schwer entstehen kann" (Krüger et al. 1988, S. 95).

Hier wird deutlich, daß "Defizit-Blick" und negative Einstellung dem eigenen Körper gegenüber die Entwicklung einer gesicherten sexuellen Identität behindern. Damit ein Mädchen seinen Körper als intaktes Ganzes empfinden kann, ist Selbstliebe eine unabdingbare Voraussetzung. Destruktive Tendenzen bewirken hingegen, daß der Körper seine Geschlossenheit verliert. Damit ist eine Angriffsfläche für Übergriffe und Verletzungen seiner Integrität gerade bei Mädchen und jungen Frauen gegeben.

Die Vermutung liegt nahe, daß die oft brüchige *sexuelle Identität* von Mädchen nicht nur Auswirkungen auf ihr Verhältnis zur Sexualität hat, sondern auch auf die Entwicklung des dritten Aspektes der Identität, den der persönlichen Identität. Persönliche Identität meint – als Grundlage einer Kontinuität des Selbsterlebens – das Bild des Mädchens von sich als eigenständigem Individuum in seiner Beziehung zu anderen Menschen, mit der Möglichkeit, autonom zu handeln. Handlungsautonomie wiederum setzt die entsprechenden Handlungs- und Entwicklungsspielräume voraus, die Entscheidungsmöglichkeiten erst eröffnen. Wie weiter oben bereits ausgeführt wurde, werden gerade für Mädchen in ihrer sexuellen Entwicklung solche Handlungsspielräume weitgehend eingeschränkt und beschnitten. "Der Freiraum, den das Mädchen zur Entwicklung, Stabilisierung, zum Experimentieren und Feststellen eigener Dispositionen benötigt, ist durch die gesellschaftlichen, objektiven Implikationen von 'Normalität' bereits strukturiert" (Bast 1988, S. 157). Normalität beinhaltet in diesem Zusammenhang die Orientierung auf den Mann hin, bedeutet Zwangsheterosexualität" (Bast 1988, S. 157 und passim). Gerade diese einseitige Orientierung bedeutet für das heranwachsende Mädchen eine "schizophrene Situation der Vermittlung individueller Bedürfnisse und von außen an sie herangetragene Pflichten: einerseits steht der Wunsch nach eigener Standortbestimmung und Entwicklung individueller Lebensplanung, andererseits stehen die Appelle an ihr Verantwortungsgefühl gegenüber der familiären Gemeinschaft generell und der Mutter im besonderen. Nur: Eine sinnvolle Lebensperspektive, die die größtmöglichen Spielräume zur Realisierung eigener Interessen umgreift, wird sicherlich nur schwer entwickelt werden können, wenn das Mädchen immer nur mit ein und derselben Rollenanforderung konfrontiert wird ... Zur eigenen Selbstfindung und Standortbestimmung gehört unabdingbar auch das Kennenlernen anderer Orientierungen. Erst wenn ein angemessenes Spektrum verschiedener Verwirklichungsebenen und Lebenskonzepte bekannt und zumindest in einigen Elementen auch einmal gelebt, d.h. ausprobiert worden ist, kann eine Entscheidung getroffen werden – etwas, mit dem man sich nie auseinandergesetzt hat, kann man hinsichtlich der Dignität für sich selbst auch nicht beurteilen" (Bast 1988, S. 159; Hervorhebung im Original).

Die vorherrschende Orientierung in unserer Gesellschaft ist die am Ideal der *romantischen Liebe* ausgerichtete Vorstellung von Intimität in einer heterosexuellen Beziehung. In bezug auf Sexualität in einer solchen intimen Beziehung ist von Bedeutung, daß Sexualität der Liebe untergeordnet wird, sie erst innerhalb eines Liebesverhältnisses ihren Platz erhält. Diese Orientierung zeigt darüber hinaus eine Besonderheit, die für die Möglichkeit der Ausbildung einer persönlichen Identität für Mädchen einen noch größeren Stellenwert erhält, als der Mangel an Orientierungsmöglichkeiten, den Bast angesprochen hat. "Das Besondere der romantischen Liebessemantik besteht darin, daß sie die Autonomie nach außen postuliert, den als privat und damit autonom definierten Bereich der Intimität aber nach innen hin unstrukturiert beläßt" (Gerhards 1989, S. 543). Intimität ist folglich ein Handlungsbereich, der, wie Gerhards formuliert, wenige oder keine sozialen Regeln kennt, also regellos ist. "Damit ist nicht gemeint, daß es keine privaten, in den einzelnen Zweierbeziehungen entwickelten Strukturen der Interaktion gäbe, diese bleiben aber privat und werden sich von Beziehung zu Beziehung unterscheiden. Es fehlt an *öffentlichen* Deutungsmustern für intime Situationen, an Ritualen des Kennenlernens und der Kommunikation über eigene Bedürfnisse und Wünsche, an gemeinsam in einer Kultur geteilten Symbolen, die Personen in intimen Interaktionen benutzen können und die verstanden werden, an einer verbalen oder nonverbalen Kommunikationskultur, auf die Personen in intimen Interaktionen zurückgreifen können und die ihnen Entscheidungshilfen und Verständniserleichterungen verschaffen würden" (Gerhards 1989, S. 544; Hervorhebung im Original).

Vor dem Hintergrund der Schwierigkeiten, die Mädchen haben, den geschlechtlichen und sexuellen Aspekt ihrer Identität auszubauen, wird hier eine weitere Problematik der Identitätsbildung im Bereich autonomen Handelns von Mädchen deutlich. Alle Studien zur Jugendsexualität, die auf Vorstellungen von Sexualität oder deren Erfahrungen bei Mädchen eingehen, machen deutlich, daß

Mädchen die Aufnahme einer sexuellen Beziehung weitgehend von Liebe, sich mögen, abhängig machen (vgl. z.B. Sigusch/Schmidt 1973, besonders S. 72 ff; Clement 1986, S. 56; Schmid-Tannwald/Urdze 1983, S. 169; Husslein 1982, S. 48; Amann/Paul 1989, S. 262 und passim). Fehlen gültige und klare Regelungen, Deutungsmuster und Kommunikationsstrukturen für intime Beziehungen aus Liebe, so bleiben die bei jungen Mädchen auch sicher noch diffusen Vorstellungen von ihren Bedürfnissen und Wünschen für sexuellen Austausch weitgehend "sprachlos", unformulierbar. Sie haben wenig Möglichkeit, diese für sich zu bestimmen und in die intime Beziehung einzubringen, und noch weniger, sie im verbalen Austausch mit dem Partner durchzusetzen. In einem Bereich, für den keine, die Autonomie der Beteiligten sichernden Kommunikation- und Deutungsmuster vorliegen, können diese nur durch klischeehafte und stereotype Muster ausgefüllt werden. Es kann daher auch nicht verwundern, daß Mädchen – auf ihre Wertvorstellungen zur Sexualität befragt – diffus auf Liebe verweisen: So betonen die Autoren der Shell-Studie "Jugendliche und Erwachsene 85": "Über Sexualität zu reden oder gar zu schreiben, ist für viele Mädchen aus ihrem inneren Gefühlszustand und den gesellschaftlich bestehenden Werten heraus problematisch. Diese Schwierigkeit zeigt sich zum einen in der geringen schriftlichen Auseinandersetzung und zum anderen innerhalb der Beiträge, in denen zwar offen Gedanken und Einstellungen mitgeteilt werden, die sich aber zugleich in einer eingeschränkten Wortwahl oder einer hochstilisierten Formulierung auszeichnen ... Meistens wird das Thema 'Sexualität' im Zusammenhang mit dem Themenbereich 'Liebe' erwähnt und innerhalb dieses Rahmens mehr nebenbei abgehandelt. Inhaltlich wird Sexualität als Ausdruck von Liebe und Emotionalität verstanden; sie ist die Verkörperung der Liebe ... Erst eine emotionale Verbundenheit mit dem Partner weckt den Wunsch, sexuell aktiv zu werden. In der Aussage, daß 'rein körperliche Lust noch lange keine Liebe ist', ... wird stellvertretend für einen Großteil der Autoren ihre Ansicht prägnant wiedergegeben" (Band 4, S. 309). Zwar erwarten die Mädchen von ihrem Partner Verständnis für ihre Bedürfnisse, wie dieses Verständnis aber inhaltlich ausgefüllt werden soll, bleibt im Dunkeln. Auch in der Auflistung der Ansprüche der befragten Mädchen an eine Partnerschaft, die die Autoren der Shell-Studie vornahmen, bleibt unspezifisch, welche Inhalte und Durchsetzungsmodi damit verbunden werden: "... Gemeinsame Interessen als Basis einer Partnerschaft, Vorstellung von persönlicher Freiheit innerhalb einer Partnerschaft, Forderung nach gegenseitigem Vertrauen und Verständnis, Forderung nach Ehrlichkeit und Offenheit, Einbringen der eigenen Person, Wunsch nach Glück und Harmonie; frauenspezifische Ansprüche: Partnerschaft als Alternative zur Einsamkeit, Aufopferungsbereitschaft für den

Partner, Partner muß charakterliche Stärken vorweisen können, Wünsche nach Geborgenheit" (Band 4, S. 306; vgl. auch Sigusch/Schmidt 1973, S. 41ff.; Clement 1986, S. 56ff.).

Ohne klare Vorstellungen, was diese "Ansprüche" beinhalten, besteht die Gefahr, daß die Mädchen zwar erkennen, daß sie andere Bedürfnisse und Vorstellungen von Partnerschaft und Liebe haben als Jungen, sie aber dann erkennen müssen, daß sie diese nicht ohne weiteres durchsetzen können.

Ausdruck finden diese Unsicherheiten auch in einer anderen Hinsicht: Mädchen haben in nicht unerheblichem Umfang Angst vor Partnerverlust, weil sie in der Partnerschaft den Ort sehen, der für sie Sicherheit bedeutet und es ihnen ermöglicht, die eigene Person einzubringen. Partnerschaft wird zum Lebenssinn erhoben, in der Selbstverwirklichung möglich werden soll, die eine Abhängigkeit gegenüber dem Partner, der die eigene Persönlichkeit stabilisieren und Geborgenheit vermitteln kann, bewirkt (vgl. Shell-Studie 85, Band 4, S. 307). Die persönliche Beziehung zu einem Jungen wird damit zum Ort der Selbstfindung und Selbstverwirklichung erklärt, Kriterien, die ein emanzipatorisches Denken vermuten lassen sind aber nur vereinzelt zu finden.

Gerade solche überhöhten Erwartungshaltungen an eine Beziehung, die durch die Überfrachtung in Bezug auf die Ausbildung einer persönlichen Identität gekennzeichnet sind, beschneiden autonomes Handeln, die Formulierung eigener Bedürfnisse und Wünsche – trotz des Anspruchs – und deren Durchsetzung, besonders im sexuellen Bereich.

Zusammenfassend wird deutlich, daß die Elemente mädchenspezifischer Sozialisation die Entwicklung aller drei Aspekte einer Identität enweder hemmen oder schwierig machen und somit die Möglichkeit zu sexueller Selbstbestimmung stark einschränken, sie konflikthaft gestalten oder unmöglich machen.

2. Sexualität und Sexualverhalten von Mädchen – Ergebnisse der Sexualitätsforschung –

"... Mädchen befinden sich in einem Teufelskreis zwischen dem Gelernten, der eigenen Wahrnehmung und den Interpretationen der anderen, ... zwischen dem Mysteriösen, was ihnen über Sexualität beigebracht wird nach dem Motto: 'Wenn Vati und Mutti sich sehr lieb haben ...' und dem, was sie an sexueller Rücksichtslosigkeit und Brutalität erleben" (Kavemann et al. 1985, S. 26/27).

Wie gehen Mädchen mit diesem Teufelskreis um – oder, elementarer gefragt: Was wissen wir über Mädchen-Sexualität bzw. über das sexuelle Verhalten von Mädchen? Um der Beantwortung dieser Fragen näher zu kommen, bietet sich ein Blick in Arbeiten zur Jugendsexualität an, da es keine eigenständigen Studien zur Sexualität von Mädchen gibt. Aber auch eine Auseinandersetzung mit den Arbeiten zur Sexualität Jugendlicher birgt Schwierigkeiten. So hat schon Pagenstecher bezüglich Jugendsexualität die provokative Überschrift gewählt: "Jugendsexualität 'heute' – die Beschreibung eines Torsos" (1988, S. 330). Die meisten Arbeiten zu diesem Thema sind vor 5 bis 10 Jahren verfaßt worden, auf einer Datenbasis, die in den siebziger Jahren und Anfang der sechziger Jahre erhoben wurde, so daß, wie Pagenstecher beklagt, das Bild von jugendlicher Sexualität "relativ oberflächlich, farblos und inaktuell" (1988, S. 330) bleibt. Weiterhin sind umfassende Aussagen zur Sexualität von Mädchen noch zusätzlich dadurch erschwert, daß es faktisch unmöglich ist, Jugend und damit auch Mädchenjugend altersspezifisch einzugrenzen. Die im folgenden verwendeten Materialien stammen so aus den unterschiedlichsten Befragungspopulationen bei Untersuchungen zum Sexualverhalten westdeutscher Studentinnen und Studenten (Clement 1986; Giese/Schmidt 1973; Amann/Paul 1989; Schmidt et al. 1989) und aus einer Repräsentativ-Studie zum Sexualverhalten minderjähriger Jugendlicher (Schmid-Tannwald/Urdze 1983).

In den folgenden Ausführungen werden zwei Ausformungen sexueller Praktiken im Mittelpunkt stehen, die Auskunft über sexuelle Erfahrungen von Mädchen geben können, und zwar mit Blick auf das "Verhältnis zum eigenen Körper" und das "Verhältnis zum anderen Geschlecht": Masturbation und Koitus. Ehe jedoch näher auf Einzelaspekte sexueller Praxis von Mädchen eingegangen werden kann, sollen einige für die Entwicklung der letzten 10 bis 15 Jahre charakteristische Trends bezogen auf Koituserfahrung/Koituspraxis aufgezeigt werden, die Pagenstecher im wesentlichen aus den o.g. Studien zur Jugendsexualität herausgearbeitet hat:

"...

- Beide Geschlechter lassen sich sexuell früher und häufiger aufeinander ein und wechseln auch etwas häufiger den Sexualpartner oder die Sexualpartnerin. (Gleiche Tendenzen konstatieren Schmid-Tannwald und Urdze für 1980/81 befragte 14- bis 17jährige Jugendliche; vgl. Schmid-Tannwald/-Urdze 1983.)
- Die geographische Herkunft hat keinen Einfluß mehr auf das 'Koitusvorkommen', denn das Verhalten der Studentinnen und Studenten vom Land hat

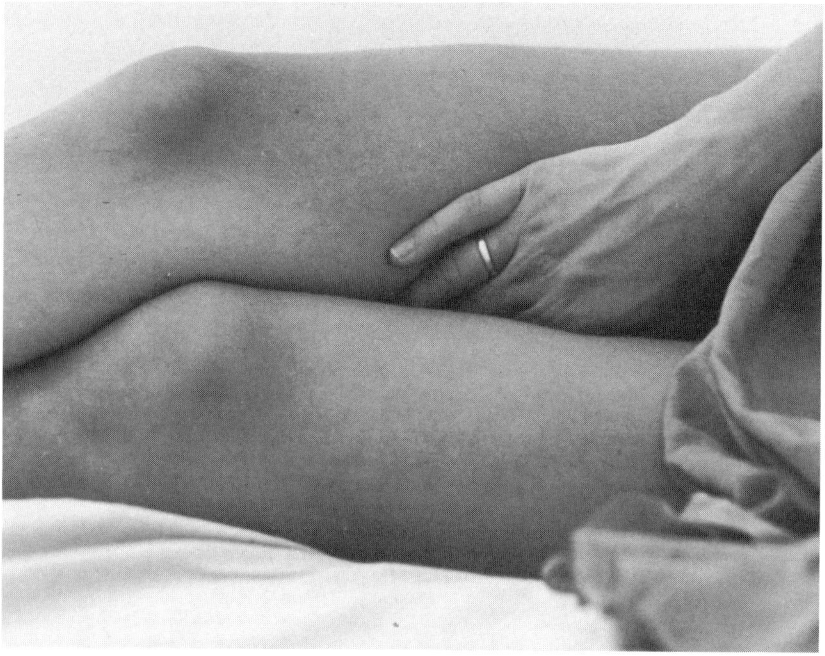

sich entsprechend verändert. (Auch Schmid-Tannwald und Urdze stellen eine Angleichung des sexuellen Verhaltens von Land- und Stadtjugendlichen fest; vgl. Schmid-Tannwald/Urdze 1983.)

- Die Unterschiede im Koitusverhalten zwischen 'konservativen' und 'linken' Studenten sind sehr viel geringer geworden, weil sich das Verhalten der 'Konservativen' an dasjenige der 'Linken' angenähert hat.
- Auch starke religiöse Bindung und höhere Schichtzugehörigkeit bewirken im Hinblick auf häufigeren 'Sexualverkehr' keine besondere Zurückhaltung mehr. (Im Unterschied fanden Schmid-Tannwald und Urdze zwischen religiös gebundenen und nicht gebundenen Jugendlichen 1980/81 deutliche Verhaltensdifferenzen; vgl. Schmid-Tannwald/Urdze 1983.)" (Pagenstecher 1988, S. 333).

Die Veränderungen lassen sich auf eine Liberalisierung der vordem repressiven, konservativen Moralvorstellungen zur Sexualität zurückführen, wobei offen bleibt, ob die sexuelle Liberalisierung nicht neue Zwänge mit sich bringt, "die mit einem anderen Leidensdruck verbunden sind" (Abel et al. 1986, S. 21).

Masturbation

Masturbation als eine Möglichkeit, den eigenen Körper positiv-sinnlich zu erkunden und zu erfahren, ist für die vorliegende Arbeit deswegen von Interesse, weil sie zum einen als erste Stufe oder Phase sexueller Entwicklung gelten kann, zum anderen aber auch Aussagen zum Verhältnis dem eigenen Körper gegenüber zuläßt.

In der repräsentativen Studie von Schmid-Tannwald/Urdze von 1983 wurde deutlich, daß nur etwa "ein Drittel der Mädchen gegenüber fast drei Viertel der Jungen" (1983, S. 121) angaben, schon einmal masturbiert zu haben. Die Autoren machen aber folgendes deutlich: "... aufgrund der zumindest sprachlichen Tabuisierung der Masturbation und der mitunter nicht einfachen Bewertung autoerotischer Ereignisse als Masturbation, dürfte die tatsächliche Verbreitung höher liegen als die ... angeführten Prozentsätze vermuten lassen" (Schmid-Tannwald/-Urdze 1983, S. 120). Daß diese Vermutung zutreffen könnte, machen z.B. die Ergebnisse, die Clement bei Studenten und Studentinnen fand, durchaus wahrscheinlich: "92% der männlichen und 74% der weiblichen Befragten hatten zum Befragungszeitpunkt Masturbationserfahrung" (Clement 1986, S. 39). Im Vergleich zu 1966 hatte sich 1981 die Masturbationserfahrung der Männer nur um 3% gesteigert, die der Frauen dagegen von 42% 1961 auf 73% 1981, also um mehr als 30%. Ähnliche Werte fanden auch Sigusch/Schmidt bei Schülern und Schülerinnen. Im Alter von 15 Jahren (später mit 16 und 17 Jahren gab es nur einen geringfügigen Anstieg) hatten sich neun Zehntel aller Jungen und etwa die Hälfte aller Mädchen zumindest gelegentlich selbst befriedigt. Auch wenn relativ viele Jugendliche Masturbationserfahrungen angaben, so muß auch betont werden, daß sich Mädchen nur sporadisch (einmal im Monat) und Jungen auch nur in größeren Abständen (fünfmal im Monat) selbst befriedigen, die Häufigkeit also recht gering ist. Auffallend ist zudem, daß in allen aufgeführten Studien wesentlich weniger Mädchen als Jungen von Masturbationserfahrungen berichten und daß die Befragungen von Studentinnen bei ihnen eine höhere Masturbationserfahrung als bei den anderen Befragten ergaben. Von ähnlichen Ergebnissen berichten Sigusch/Schmidt 1971, S. 64): *"... Die schulbildungsspezifischen Unterschiede im Masturbationsverhalten gehören zu den bedeutsamsten und herausragendsten, die wir feststellen konnten.* Das gilt ganz besonders für Mädchen, die mit Zunahme der Schulbildung masturbationserfahrener und masturbationsaktiver sind: zweimal so viel Gymnasiastinnen wie Hauptschülerinnen hatten überhaupt jemals in ihrem Leben masturbiert ..." (Hervorhebungen im Original).

Nimmt man Masturbation als Indikator für ein positives Verhältnis zum eigenen Körper, dann kann vermutet werden, daß Mädchen mit geringerer Schulbildung weniger positive Erfahrungen mit ihrem eigenen Körper machen und damit auch ein ambivalenteres Verhältnis zu sich und ihrer Sexualität entwickeln.

Zusammen mit der Erkenntnis, daß Einstellung (und damit wahrscheinlich auch Verhalten) schicht- und geschlechtsabhängig sind, daß Arbeiter und Frauen restriktivere Standards vertreten als andere Gruppen und daß junge Arbeiterinnen extrem masturbationsfeindlich sind (vgl. Bilden 1980, S. 798), wird deutlich, daß etwa ein Viertel bis die Hälfte aller jungen Mädchen eine lustvolle Entdekkung ihres Körpers noch nicht vorgenommen haben, daß bei vielen von ihnen wohl noch zutrifft, was sowohl Sigusch/Schmidt (1973) als auch Schmid-Tannwald/Urdze (1983) vermuten: "Die Masturbation scheint als Vorstufe heterosexuellen Verhaltens zumindest bei Jungen weitgehend akzeptiert. Dennoch dürfte Masturbation nach wie vor weitgehend verpönt und mit Schuldgefühlen belastet sein" (Schmid-Tannwald/Urdze 1983, S. 120), besonders für Mädchen.

Koituserfahrung

Nach Schmid-Tannwald/Urdze durchläuft ein Großteil aller Jugendlichen die folgende "Reihenfolge intimer Formen heterosexuellen Erlebens ...: Küssen, Brustpetting, aktives Genitalpetting des Jungen, aktives Genitalpetting des Mädchens und Geschlechtsverkehr" (1983, S. 149). Etwa "die Hälfte aller von ihnen befragten Jugendlichen erlebte die verschiedenen Schritte ihrer heterosexuellen Entwicklung mit demselben Partner" (Schmid-Tannwald/Urdze 1983, S. 153). Für beide Ergebnisse gibt es nur geringfügige Unterschiede zwischen Mädchen und Jungen.

Nach Schmid-Tannwald/Urdzes repräsentativer Studie von 14- bis 17jährigen Jugendlichen hatten 3% der 14jährigen Mädchen Geschlechtsverkehr, aber schon 9% der 15jährigen, 28% der 16jährigen und 56% der 17jährigen Mädchen. Hier "zeigt sich ein starker Anstieg des Koitusvorkommens zwischen dem 14. und 17. Lebensjahr ... Geben von den 14jährigen Mädchen 3% an, bereits Geschlechtsverkehr gehabt zu haben, so sind es bei den 15jährigen dreimal so viel, bei den 16jährigen hat sich der Anteil mit 28% erneut verdreifacht und schließlich bei den 17jährigen mit 56% gegenüber zuvor verdoppelt" (Schmid-Tannwald/Urdze 1983, S. 154). Zieht man die Befragung von Clement für Mädchen und junge Frauen (Studentinnen) heran, die ebenfalls Daten von 1981 verwendet, so wird ein ähnlicher Trend deutlich. Für 18jährige Studentinnen nennt er 59% mit Koituserfahrung, für 20 bis 21jährige Studentinnen 78%, für 22 bis 23jährige 83%, für 24 bis 25jährige dann 89% (Clement 1986, S. 107/108, Tabelle 33). Auch die Repräsentativumfrage im Auftrag der Zeitschrift "Brigitte" kam zu ähnlichen Ergebnissen: 48% der befragten 17jährigen Mädchen hatten Koituserfahrung und 76% der 19jährigen. Auch Amann/Paul berichten in ihrer Trenduntersuchung mit Kölner Schülern und Schülerinnen: "Die retrospektive Befragung, wann sie 'zum ersten Mal mit einem Jungen ... geschlafen haben', ... ergab, daß vor dem 13. Lebensjahr nur 2% der Mädchen ... bereits diese Erfahrung gemacht haben. Zwischen dem 14. und dem 16. Lebensjahr ist ein enormer Anstieg zu verzeichnen, so haben mit 16 Jahren bereits 40% der Jugendlichen, wobei sich die Zahlen von Jungen und Mädchen ausgeglichen haben, bereits ihren ersten Koitus hinter sich. Mit 17 Jahren sind es dann 42% der Jugendlichen" (1989, S. 239).

Um Veränderungen im Sexualverhalten aufzuzeigen, steht nur die Replikationsstudie von Clement zur Verfügung, der die Daten von 1981 mit denen von 1966 vergleicht. Auch wenn es sich dabei um eine Studie über das Sexualverhalten von Studenten und Studentinnen handelt, "spricht einiges dafür, daß die

'gebildeten Mittelschichten, wozu die Studenten soziologisch zu rechnen sind, eine Art Pionierfunktion für die Sexualität in den westlichen Industriegesellschaften' haben (Clement 1986, S. 21), so daß die Veränderungen im studentischen Bereich in gewisser Weise auch als richtungweisend für andere soziale Gruppen angesehen werden können" (Pagenstecher 1988, S. 331). "Eine besonders auffällige Trendverschiebung bei den vorehelichen Sexualbeziehungen der StudentInnen 1966 und 1981 ist die Verlagerung von der Einstellungsebene auf die Verhaltensebene: Wurden voreheliche Koituserfahrungen 1966 zwar moralisch akzeptiert, aber wenig realisiert - besonders von Student/inn/en -, so hat sich das Verhalten der StudentInnen von 1981 an die liberale Einstellung angeglichen" (Pagenstecher 1988, S. 331). Mit Abel et al. bleibt allerdings zu fragen, "ob die ... Liberalisierung ... die Jugendlichen aus der Repression konservativer Moral derart befreit hat, daß sie sowohl 'freizügig und sexualfreundlich' als auch 'partnerschaftlich und liebesorientiert' miteinander umgehen können (so die Ergebnisse von Schlaegel u. a. 1975, S. 324)", denn "dagegen stehen neue Zwänge, die mit einem anderen Leidensdruck verbunden sind" (1986, S. 21).

Eine interessante Verschiebung ist bei der Koituserfahrung von Studentinnen zu verzeichnen. Hatten 1966 mit 56% die Studentinnen zu 9% weniger Koituserfahrungen als ihre männlichen Kommilitonen, so kehrt sich dieses Verhältnis um: "1981 sind mehr Frauen (91%) als Männer (86%) koituserfahren" (Clement 1986, S. 46). Nicht nur ist die Quote der Koituserfahrenen angestiegen, sondern auch das Alter, in dem der erste Geschlechtsverkehr stattfand (Kohabitarchealter), ist "innerhalb einer Generation bei Mädchen um 2 Jahre ... vorgerückt. Die Hälfte der Mädchen hat heute mit 17,3 Jahren ... mindestens einmal Geschlechtsverkehr gehabt. Das jüngste Kohabitarchealter betrug 13 Jahre. Zwischen dem 15. und 18. Lebensjahr nimmt der Anteil der koituserfahrenen Jugendlichen sehr stark zu. Von den 14jährigen Mädchen hat jedes dreißigste, von den 15jährigen jedes zehnte, von den 16jährigen jedes vierte und von den 17jährigen jedes zweite bereits kohabitiert" (Schmid-Tannwald/Urdze 1983, S. 172). Interessant in unserem Zusammenhang ist darüber hinaus folgendes Ergebnis der o.g. Autoren: "Je jünger die Jugendlichen, desto geringer die Zeitspanne zwischen dem ersten Austausch von Zärtlichkeiten und dem ersten Koitus und desto geringer auch der Bekanntheitsgrad des Partners. Die Mehrzahl der Jugendlichen hat zwar vor dem ersten Koitus zumindest 'das Gefühl', daß 'es bald passieren würde', 'daß es aber dann an jenem Tag' zum Koitus kommt, ist für die große Mehrzahl der Jugendlichen dennoch zumindest 'überraschend'" (Schmid-Tannwald/Urdze 1983, S. 173). Ähnliche Ergebnisse berichtet Bödefeld: "So ist beispielsweise bei den 15- und 16jährigen Partnerwechsel häufig,

60% ihrer Freundschaften dauern nur zwischen einer Woche und drei Monaten. Die meisten denken aber dabei offenbar überhaupt nicht an sexuelle Betätigung. Wenn es wirklich dazu kommt, so recht schnell – in mehr als der Hälfte der Fälle in den ersten vier Wochen der Freundschaft" (1983, S. 68; vgl. auch Burger/Seidenspinner 1988, S. 118).

Ein weiterer interessanter Aspekt des Sexualverhaltens von Mädchen ist der der Häufigkeit des Sexualpartnerwechsels. Alle vorliegenden Studien machen deutlich, daß gerade bei Mädchen keineswegs von Promiskuität zu sprechen ist. Schon Sigusch/Schmidt (1973) stellten fest, daß 80% der koitusaktiven Mädchen ihrer Studie mit dem Geschlechtspartner fest befreundet waren, "'Gelegenheitspartner' spielten bei den Mädchen ...so gut wie keine Rolle" (S. 14). Auch Amann/Paul fanden heraus, daß über "drei Viertel der Mädchen ..." angeben, daß sie mit ihrem festen Freund im letzten Jahr Geschlechtsverkehr hatten. "Aufgrund dieser Zahlen ist festzustellen, daß die Partnermobilität der Jugendlichen ausgesprochen gering ist ..." (1989, S. 247). Zu ähnlichen Ergebnissen kommt Clement: "Zwei Drittel der koitusaktiven Befragten hatten in den letzten 12 Monaten nur mit einem Partner Koitus gehabt, jeder siebte hatte vier oder mehr Koituspartner. Männer und Frauen unterscheiden sich hier nicht, auch das Alter hat keinen Einfluß auf die Partnerfluktuation" (1986, S. 46). Zwar ist im Vergleich zu 1966 ein Ansteigen aller bisherigen Koituspartner zu verzeichnen, "auch dies besonders bei den Frauen, von denen nur noch ein Viertel mit nur einem Koituspartner Erfahrung hat ...Nun bedeuten diese Zahlen aber nicht, daß die StudentInnen heute häufiger zum Partnerwechsel neigen. Die 1981 befragten Studenten haben den ersten Geschlechtsverkehr früher gehabt, d.h. sie haben bei der Befragung eine längere Koituserfahrung ... Zu beiden Zeitpunkten [1966 und 1981] ist jedoch die Koituserfahrung mit nur einem Partner im Jahr vor der Befragung das Übliche" (1986, S. 47; vgl. auch Abel et al. 1986, S. 26). Auch Schmid-Tannwald/Urdze kommen zu ähnlichen Ergebnissen: "Obwohl 16% der koituserfahrenen Mädchen ...den ersten und zweiten Geschlechtsverkehr mit verschiedenen Partnern erleben und nur eine Minderheit der Jugendlichen ein Jahr nach dem ersten Koitus noch mit dem ersten Partner zusammen ist, läßt sich keine Tendenz zu promiskuitivem Verhalten belegen. Die meisten Mädchen ... hatten bisher – sofern überhaupt – nur mit einem Partner Geschlechtsverkehr. Häufiger Partnerwechsel (vier und mehr Partner) findet man nur bei einem Zehntel der koituserfahrenen Mädchen ..." (1983, S. 180).

Kann – auch unter den weiter oben angeführten Überlegungen zum 'romantischen Liebesideal' – von einer größeren Promiskuität junger Mädchen nicht ausgegangen werden, so wäre zu fragen, ob es Unterschiede bezüglich der Sexualität bei einer schichtspezifischen Sichtweise gibt. Als erstes bleibt festzuhalten, daß in den 70er Jahren kaum noch Studien durchgeführt wurden, "die den Einfluß der sozialen Schicht auf das sexuelle Verhalten untersuchen" (Clement 1986, S. 12). Als Ausnahmen sind hier nur die Arbeiten von Schmidt und Sigusch 1971 und Sigusch und Schmidt 1971 zu nennen; alle anderen Arbeiten beziehen sich nur auf sexuelle Einstellungen. Ihre Ergebnisse lassen sich mit Clement wie folgt zusammenfassen: Fünf Arbeiten Ende der 70er Jahre "thematisieren nur sexuelle Einstellungen, die sie einhellig als liberaler in der Mittelschicht, als konservativer in der Unterschicht beschreiben" (1986, S. 12).

Hinsichtlich des Sexualverhaltens von Mädchen unter schichtspezifischer Betrachtungsweise läßt sich mit Blick auf die Schulbildung der Mädchen – als ein, wenn auch unzureichender und in seiner Singularität problematischer Indikator für Schichtzugehörigkeit – kaum ein Unterschied feststellen: "Hinsichtlich der heterosexuellen Erfahrung fiel bei den Mädchen auf, daß sich Hauptschülerinnen, Realschülerinnen und Gymnasiastinnen praktisch nicht unterschieden. Sie hatten in ungefähr gleichem Ausmaß Erfahrungen mit soziosexuellen Aktivitäten einschließlich ...Koitus" (1973, S. 64); auch Amann/Paul kommen in ihrer Trenduntersuchung an Kölner Schulen zu einem vergleichbaren Ergebnis (1989, S. 253/54).

Bemerkenswert ist weiter, daß die Unterschiede in allen soziosexuellen Aktivitäten, so Sigusch und Schmidt (1973, S. 65), zwischen Jungen und Mädchen bei den Hauptschülern größer sind als bei den Gymnasiasten. *"Somit ist die Sexualität bei den Hauptschülern und Hauptschülerinnen deutlich stärker geschlechtstypisch zugerichtet als bei den Oberschülern ..."* (Sigusch/Schmidt 1973, S. 64/65; Hervorhebung im Original).

Hat sich auch eine weitgehende Angleichung des Sexualverhaltens von Mädchen in schichtspezifischer Sicht aus allen Untersuchungen ergeben, so bleibt festzuhalten, daß Mädchen aus der Unterschicht sowohl von ihrer eigenen Einstellung zur Sexualität als auch von den an sie herangetragenen Erwartungshaltungen in diesem Bereich konflikthaftere Erfahrungen machen als Mädchen aus anderen Schichten. Zeigen auch die Ergebnisse zum Koitusverhalten von Mädchen keine deutliche schichtspezifische Variation, so ist mit Sigusch und Schmidt jedoch darauf zu verweisen, daß ihre und andere "Untersuchungstechniken sehr begrenzt waren und daß sich möglicherweise erst dann eine größere Bereiche erfassende Zurichtung der Sexualität in Abhängigkeit von der sozialen Wirklichkeit und der ökonomischen Lage mit den heute insgesamt zur Verfügung stehenden sozialwissenschaftlichen Methoden nachweisen läßt, wenn anhand konkreterer Hypothesen gezielter und methodisch subtiler vorgegangen wird.

Wer [so betonen die Autoren] aus unseren Untersuchungsergebnissen herausliest, daß es so etwas wie eine 'proletarische' Sexualität nicht gibt ..., der hat nicht nur unseren wissenschaftlichen Ansatz mißverstanden, sondern auch unsere Ergebnisse falsch interpretiert" (Sigusch/Schmidt 1973, S. 67).

3. Erotik und Sexualität zwischen Mädchen

"... Mädchen suchen in ihren Beziehungen zu Mädchen und zu Jungen Ähnliches, aber sie finden sehr Unterschiedliches" (Kavemann et al. 1985, S. 112).

Was ist es, das Mädchen in Mädchenbeziehungen suchen und finden, und was ist es, das Beziehungen zu Jungen unterschiedlich gestaltet?

Mädchenfreundschaften beginnen schon im frühen Schulalter und reichen oft bis in die Pubertät, seltener darüber hinaus. Sie sind gekennzeichnet durch personenbezogene Auseinandersetzungsformen, zeichnen sich durch intensive Kontakte, Verständnis und Anteilnahme aus und bieten so eine Grundlage für die Auseinandersetzung mit der sozialen Umwelt. Mädchenfreundschaften helfen, in der Beziehung zur Freundin, das emotionale Gleichgewicht für das Mädchen zu fördern, geben die Möglichkeit, Solidarität zu üben (im Gegenüber zu Jungen und zu Erwachsenen) und bieten einen Raum für gemeinsame Entdeckungen und für den Austausch von Erlebnissen, Gefühlen, Eindrücken und Gedanken.

Mädchenfreundschaften ermöglichen darüber hinaus die Erfahrung, vertrauen zu können und Vertrauen entgegengebracht zu bekommen. Sie sind oft auch gleichsam der Spiegel, in dem das Mädchen sich selbst als Person mit ihren Bedürfnissen, Fähigkeiten, Wünschen und Erwartungen reflektiert. Und sie vermitteln erste und oft intensive Erfahrungen mit der eigenen Beziehungsfähigkeit und mit Beziehungsmustern. "Die Mädchenbeziehungen sind neben bzw. nach der Eltern- und Geschwisterbeziehung die nächsten intensiven Beziehungen, durch die sie geformt werden. Das ganze Spektrum an Beziehungsmöglichkeiten, einschließlich Konflikten, wird in diesen Freundschaften ausprobiert: Liebe und Haß, inniges Verständnis und tiefe Verletztheit, Nähe und Angst vor Gefühlen, Vertrauen und Mißtrauen, Solidarität und Konkurrenz, Zärtlichkeit und Verweigerung, Habgier und die Fähigkeit zu geben und nicht zuletzt Kräche und Eifersuchtsdramen, besonders dann, wenn die 'Busenfreundin' sich mit einer neuen Freundin zusammentut und ihr womöglich die intimsten Geheimnisse verrät. Da gibt es regelrechte Beziehungszusammenbrüche mit allen Formen der Trauer und Wut, wie wir sie auch in unseren Erwachsenenbeziehungen erleben" (Kavemann et al. 1985, S. 104). Dieses breite Spektrum an Beziehungs-Erfahrungsmöglichkeiten und konkret erlebten Beziehungsmustern schließt auch Zärtlichkeit und Erotik mit ein. Mädchen können innerhalb von Mädchenfreundschaften Zärtlichkeit (Umarmen, Streicheln, Küssen) weitgehend unzensiert austauschen und Erfahrungen mit ihrer Körperlichkeit, Sinnlichkeit und Erotik sammeln, können sich in ihrer Körperlichkeit angstfrei und relativ ungestört erfahren, "weil ihr Verhältnis zueinander nicht als 'sexuelles' definiert ist, da Sexualität in unserer Gesellschaft immer noch in engem Zusammenhang mit Zeugung und Fortpflanzung gesehen wird" (Kavemann et al. 1985, S. 113), also heterosexuell ausgerichtet ist.

Die gleichgeschlechtliche Gruppe bleibt für Mädchen bis in die Pubertät hinein von Bedeutung, unterliegt dann aber einer tiefgreifenden Veränderung; die Erfahrungen, die in der Mädchengruppe gemacht werden konnten, geraten in Vergessenheit, wenn sich die Mädchen "den höher bewerteten heterosexuellen Beziehungen zuwenden (müssen)" (Kavemann et al. 1985, S. 113). Die Gruppe drängt nun darauf, "endlich sexuelle Wesen sein zu dürfen. Körperfetisch, Ästhetik des Schönseins und Schön-Machens für andere, Sexualisierung als Objekt für andere sind geeignet, eine gemeinsame Definition der Sexualität in der Gruppe herzustellen, während sexuelle Impulse per se nicht sonderlich gruppenfähig sind. Indem aber das sexuelle Selbstverständnis (gebrochen durch eine Kultur, in der die Frau sexuell als Objekt gilt) zum wesentlichen Thema der Gruppe wird und der Widerstand gegen die Einschränkungen der Eltern kristallisiert, gewinnt die Gruppe transistorischen Charakter. Denn das Ziel, vollwertiges sexuelles Wesen und daher von der Kontrolle der Eltern frei zu sein, ist selbst innerhalb der Mädchengruppe nicht erreichbar, es sei denn, sie kehrt die sexuelle Definition von innen nach außen und macht die sexuelle Selbstentdeckung vom Subjekt aus zum eigenen Abenteuer, was nicht nur gegen das Tabu der Homoerotik verstößt, sondern auch den Zusammenhalt der Gruppe sprengen würde. Bezugspunkt der Gruppe ist (nun in der Pubertät) eine Neudefinition der Identität des Mädchens als sexueller Person, und dies ist es auch, was die Gruppe sprengt, wenn ein Mädchen einen Freund vorweisen kann" (Hagemann-White 1984, S. 99/100).

Mit der Pubertät beginnt also eine Neudefinition der Identität (besonders des Aspekts der Geschlechtsidentität) der Mädchen "unter starken Einflüssen der Gleichaltrigen: Autonomie gegenüber den Eltern, deren Kontrolle zunehmend als beengend empfunden wird, ...aber auch die Perspektive eines lebenswerten eigenen Lebens scheinen gekoppelt an der (sic!) Erreichung einer Liebesbeziehung zum 'richtigen' Mann. Dic Mädchengruppe bietet nur eine vorübergehende

Ausweichmöglichkeit vor diesem Ziel. Und in einer Kultur, die männliche Werte höher schätzt und eine gewisse männliche Überlegenheit als konstitutiv für die Mann-Frau-Beziehung setzt, bedeutet dies, daß das Mädchen sich nach den Maßstäben der Jungen ausrichten muß, nicht umgekehrt" (Hagemann-White 1984, S. 100).

Das "Vergessen" mädchenspezifischer Erfahrungen und das "Hervortreten" und "Annehmen" jungendominierter Maßstäbe und Werte ist nun zwar eine typische, aber nicht zwangsläufige Entwicklung während der Mädchen-Pubertät. Wie Savier et al. (1984, S. 42) am Beispiel der Berliner Hausbesetzungen deutlich machen, entwickelt sich bei einigen Mädchen und jungen Frauen auch Widerstandspotential gegen die männlich dominierte Wertehierarchie (Geschlechterhierarchie): "Als in Berlin die Hausbesetzungen an der Tagesordnung waren, haben sowohl viele (Bewegungs-)Frauen als auch Mädchen mitgemacht. Hier trafen sie wieder aufeinander, verbunden durch den gemeinsamen Leidensdruck der Wohnraumnot und den Spaß am Widerstand. Für Mädchen ermöglicht eine besetzte eigene Wohnung die konsequente Fortsetzung ihrer Beziehungen zu ihren Freundinnen aus der Schulzeit. Die 'beste Freundin' kann in die neue (Erwachsenen)welt der Selbständigkeit mit 'rübergerettet' werden und fällt nicht zwangsheterosexuellen Konditionen zum Opfer: es besteht die Möglichkeit, die Gemeinschaft mit Frauen zu erproben, ohne sofort gegenüber den gesellschaftlichen Normen ins soziale Abseits zu geraten, oder im Beharren auf die Entwicklung (sic!) mädchenspezifischer Lebens- und Gemeinschaftsformen mit dem Stempel 'devianten' Verhaltens abgeurteilt zu werden". Solche – im Rahmen größerer sozialer Konflikte – gelebten neuen Beziehungsformen sind aber im *gesamtgesellschaftlichen Zusammenhang* nur Nischen für die Erprobung mädchen- und frauenadäquater alternativer Lebensformen, ebenso wie lesbische Beziehungen. Letztere Lebens- und Liebesbeziehungsformen haben zwar ein Stück weit zumindest soziale Toleranz erfahren, werden aber noch immer nicht generell anerkannt als ein "Ausdruck für die Suche nach sexuellen Interaktionsmustern, die nicht von männlichen Bedürfnissen vorgeformt sind. Denn (weibliche Homosexualität) ist auch ein Protest gegen die kulturelle Definition von 'Weiblichkeit', die den Wert von Frauen an ihrer Attraktivität für Männer mißt und Liebe, Heirat und Familie zu den wichtigsten Kriterien für den weiblichen Lebenserfolg macht" (Schenk 1980, S. 127). Und solcher "weiblicher Protest" ist nach wie vor häufig sozialer Diskriminierung ausgesetzt.

Für die Mehrzahl von Mädchen und jungen Frauen gilt auch weiterhin eher, daß sie nicht nur die Erfahrungen der Beziehungsformen und -möglichkeiten als nicht relevant für eine heterosexuelle Beziehung über die Pubertät hinaus in ihre

Erwachsenenwelt übernehmen, sondern sie vielmehr *abwerten.* Diese Abwertung von Mädchenfreundschaften geschieht kontrafaktisch, denn viele Frauen verbringen und bewältigen ihren Alltag mit Frauen. "Was ihren Alltag und ihre konkrete Lebensbewältigung betrifft, fühlen Frauen sich von Frauen verstanden, wirklich ernst genommen ..." (Kavemann et al. 1985, S. 117). Dennoch werten Mädchen und Frauen Mädchen- und Frauenbeziehungen ab – nicht ohne realistische Einschätzung – denn weibliche Verhaltensformen und Beziehungserwartungen werden gesellschaftlich geringer bewertet. "Da Frauen in unserer Kultur weniger Wert und Wichtigkeit beigemessen wird als Männern, gelten Frauenfreundschaften auch weniger als Beziehungen zwischen Frauen und Männern, und stehen Frauen sich oft distanziert gegenüber" (Kavemann et al. 1985, S. 119). Im Versuch, eine eigenständige Identität aufzubauen, übernehmen junge Mädchen diese Wertungen in ihr Selbstbild (Aspekt der geschlechtlichen Identität) und unterliegen der Tendenz, ihre Erfahrungen aus Mädchenfreundschaften zu "vergessen" bzw. zu verdrängen, denn es dürfen nur Jungen oder Männer sein, "die Mädchen und Frauen Erfüllung bringen ... Nicht gleichwertige Beziehungen zu beiden Geschlechtern, sondern die Bindung an einen Mann soll das Ziel ihrer Wünsche, der Inhalt ihres Lebens sein" (Kavemann et al. 1985, S. 119).

Ist – wie erwähnt – diese Ausrichtung auf maskulin dominierte Vorstellungen von menschlichen Beziehungen, auf Sexualität in heterosexuellen Beziehungen, auch nicht mehr ungebrochen, so muß doch davon ausgegangen werden, daß sie die Vorstellungen von Mädchen von sich als Mädchen/Frau in der Gesellschaft (geschlechtliche Identität) ebenso wie die Vorstellungen von Sexualität und dem damit verknüpften Verhältnis zum eigenen Körper (sexuelle Identität) der meisten Mädchen bestimmen und Auswirkungen auf die Möglichkeiten für autonomes Handeln und die selbstbewußte Ausgestaltung von Beziehungen (persönliche Identität) haben, die die Ausformung einer stabilen Identität behindern und erschweren.

4. Gefährdungen von Mädchen-Sexualität durch AIDS

Nach ihren Wünschen für eine ideale, gute Partnerschaft befragt, schreibt eine 16 Jahre alte Hauptschülerin:

"... Wir sollten uns über alle persönlichen Dinge aussprechen können. Gleiche Interessen [haben], [der Partner sollte] mit meinem Wunsch, Karriere zu machen, einverstanden sein. Er sollte, wenn's geht, Jungmann sein oder etwas Erfahrung haben, damit er kein AIDS hat. Für Verhütung sein. Mit mir selbst die Sexualität erforschen. Dann sollte er etwas älter als ich sein. Hübsch [sein], aber Verstand haben. Von höherer Bildung sein. Nichtraucher, Sportler, humorvoll [sein], so wie ich." (Schulbefragung zum Thema: Sexualität und AIDS. Was meinen Mädchen dazu? Mai 1990, Institut für soziale Arbeit e.V.; wörtlich zitiert).

Ist das Verhältnis junger Mädchen und Frauen zu ihrem Körper, zu ihrer Sexualität in der Regel ambivalent bis brüchig, so wird es wichtig, die Auswirkungen der HIV-Infizierung und AIDS-Erkrankung auf Mädchen-Sexualität genauer zu betrachten. Melitta Walter formuliert diese Notwendigkeit wie folgt: "Definitionen über das, was 'weibliche Sexualität' ist und zu sein hat, werden immer noch stärker aus männlicher Sicht heraus gegeben, als von Frauen selbst formuliert. Und so nimmt es nicht wunder, daß eine Krankheit, die unglaubliche Auswirkungen im emotional-gesellschaftlichen Gefüge zur Folge hat, Frauen ganz anders tangiert als Männer" (Walter 1989, S. 4). Und an anderer Stelle: Ich "suche mit den unterschiedlichsten Frauen nach einem Weg, die neue Belastung, die AIDS für unser Fühlen und Handeln mit sich bringt, auszuhalten. Immer und immer wieder stellen mir Frauen die Frage nach dem 'richtigen' Weg, um körperliche und seelische Gefahren abzuwenden" (Walter 1989, S. 3). Wie von Walter weiter geschildert, nehmen neben Fragen zu den biologisch-medizinischen Zusammenhängen die nach den emotional-seelischen Auswirkungen der Krankheit einen breiten Raum ein. Walter berichtet z.B. von den Ängsten (besonders von Müttern), ihren Kindern "jeden Spaß an Sexualität zu verderben' ... Genaugenommen geht es um die Auseinandersetzung mit der eigenen, sprich weiblichen, Sexualität" (Walter 1989, S. 5). Es bedarf wohl keines großen Einfühlungsvermögens, um sich vorzustellen, welche Ängste und Unsicherheiten die Krankheit bei jungen Mädchen auslösen kann, die sich erst am Anfang ihrer Auseinandersetzung mit ihrem Körper und ihrer Sexualität befinden. Zumal HIV-Infektion und AIDS – im Gegensatz zu anderen lebensbedrohenden Krankheiten – "in ihrer Verknüpfung von Lebensbedrohung und Sexualität, in ihrem Bezug zu besonderen Lebensstilen bzw. Sexualformen einschließlich deren diskriminierender gesellschaftlicher Bewertung eine 'neue' Krankheit" ist (Seidl/Ermann 1989, S. 72). Die zunehmend geäußerte Vermutung, daß die Angst vor AIDS im psycho-sozialen Bereich größere Auswirkungen hat als die reale Bedrohung druch eine HIV-Infektion und AIDS-Erkrankung selbst, fordert im hier vorliegenden Zusammenhang eine Auseinandersetzung mit Mädchen-Sexualität und AIDS.

"*Krankheitsangst* ist eine Angst vor dem Kontrollverlust. Das sonst so geregelte, gesicherte und selbstüberwachte Leben wird durch die Erkrankung der

Kontrolle der Person selbst entzogen. Wer sich sonst als Handelnder erlebt, spürt oder fürchtet, daß die Krankheit ihm das Heft aus der Hand nimmt, zu seinem Schicksal wird. In der Krankheitsangst lauert die Furcht vor der Hilflosigkeit, dem Ausgeliefertsein, der Wehrlosigkeit" (Dunde 1987, S. 33). Bei jungen Menschen hat diese Angst eine andere Ausprägung: Sie wird zur Angst, Kontrolle *gar nicht erst gewinnen zu können.* Für junge Mädchen, die vor dem Hintergrund der weiblichen Sozialisation und der damit verbundenen Bilder von Frauen in der Gesellschaft und Modelle weiblicher Lebensgestaltung auch ohne Angst vor AIDS Schwierigkeiten haben, Handlungsautonomie und Kontrolle über ihr Leben – besonders ihre Sexualität – zu gewinnen, nimmt die Angst, Kontrolle über ihren Körper gar nicht erst zu erlangen, verschärfte Formen an. Versuche, mit dieser Angst umzugehen, können bei Mädchen vielfältige Ausprägungen aufweisen: Rückzug und Abstinenz gegenüber sexuellen Erfahrungen, Fatalismus mit verdrängend-sich fügendem Sexualverhalten oder verdrängend-offensivem Sexualverhalten, Bestehen auf gegenseitiger Treue oder Offensive beim Schutz des eigenen Körpers mit konstruktiver Angstbewältigung. Letztere Bewältigungsstrategien setzen jedoch eine ausgeformte persönliche Identität mit der Fähigkeit, Beziehungen selbstbestimmt zu knüpfen und aufrechtzuerhalten voraus – eine Voraussetzung, die in der Pubertät als Phase der Identitätssuche und -entwicklung wahrscheinlich nur selten schon gegeben ist.

Die implizite Verknüpfung von Sexualität mit Lebensbedrohung und Todesangst überfordert darüber hinaus auch die meisten Erwachsenen, die den jungen Mädchen bei der Bewältigung dieser Angst helfen könnten.

Die Möglichkeit der Ausformung selbstbestimmter weiblicher Sexualität wird aber für junge Mädchen über die psychosoziale Ebene hinaus auch durch soziokulturelle Entwicklungen im Angesicht von HIV-Infektion und AIDS gefährdet. "Langsam bekommen wir alle Angst. Angst vor der Krankheit und Angst vor ihren Folgen. AIDS als Krankheit und die Angst vor AIDS sind zur gesellschaftlichen Herausforderung geworden" (Pacharzina 1986, S. 8). Dieser Herausforderung wird – gesamtgesellschaftlich gesehen – auf mehreren Ebenen begegnet: einmal durch Rufe nach Kontrollen, bis hin zu Kasernierung HIV-Infizierter und AIDS-Kranker, weiter durch Schuldzuweisungen und moralische und moralisierende Appelle, und zum anderen durch Versuche der Initiierung präventiver Maßnahmen über Aufklärung und Forderungen nach Verhaltensänderungen im sexuellen Bereich.

Im hier vorliegenden Kontext soll die an anderer Stelle kontrovers geführte Diskussion der staatlichen Kontrollen nicht weiter verfolgt werden. Mit Bezug zu Mädchen-Sexualität und Identitätsentwicklung junger Mädchen sind hingegen die

Auswirkungen der Diskussionen um Moral, Schuld und Sexualität unter dem "Risiko AIDS" von zentraler Bedeutung.

Neubauer schreibt in einem Aufsatz zu "Jugend und Sexualität", daß ein kultureller "Modernisierungsschub auch die Jugendlichen erfaßt [hat] und ...für sie die Sexualität alltäglicher erscheinen [läßt]. Sie können die Sexualität heute anders und angstfreier erleben, müssen aber auch erfahren, daß sie zunehmend leistungsorientierter betrieben wird. Auf der anderen Seite haben sich die gesellschaftlichen Bedingungen geändert. Zumindest die politische Wende hat gezeigt, daß die Veränderungen hinsichtlich der Sexualität nicht ohne weiteres hingenommen werden ... [denn] alle ... Versuche (z.B. Veränderung des § 218) sind bisher in ihren Ansätzen steckengeblieben. Der neue Antrieb für Veränderung scheint aber in der Krankheit AIDS zu liegen. So ist in der Wochenzeitung 'Die Zeit' vom 27.2.87 die Überschrift: "AIDS – die andere sexuelle Revolution" zu lesen. Im Gegensatz zu den 60er Jahren, als die Diskussion über Sexualität durch die Jugendlichen mit angefacht wurde, sozusagen von unten, kommt heute die Diskussion von oben. Spätestens zu diesem Zeitpunkt stellt sich die Frage, inwieweit die Jugendlichen in diesen neuen Veränderungsprozeß involviert sind ... Ich weiß, daß gerade heute durch die Bedrohung durch Atomkraft, Umweltkatastrophen, etc. Angst vor der Zukunft besteht. Sie wird durch AIDS sicherlich verstärkt. Gerade diese Erfahrungen haben besonders Jugendliche z.T. verunsichert, Zukunftsgewißheiten geraubt und auch den Glauben an die Wissenschaft genommen" (1987, S. 125/126). In diese Verunsicherung hinein, die Neubauer für Jugendliche allgemein beschreibt und die für Mädchen vor dem Hintergrund ihrer geschlechtsspezifischen Sozialisation verschärft gelten, kommen angesichts des "Risikos AIDS" Forderungen nach sexueller Enthaltsamkeit, Monogamie und Treue, die die Erfahrungsmöglichkeiten und Handlungsspielräume – besonders junger Mädchen – im sexuellen Bereich wieder einschränken. War bisher "die Jugendphase ...dadurch geprägt, daß Schuld- und Gewissensproblematik aufgrund von Verboten kaum noch im sexuellen Bereich zu finden sind" (Neubauer 1987, S. 135), so besteht jetzt die Gefahr, daß durch die diffuse Bedrohung durch AIDS und die damit verbundene Angst vor Ansteckung zum neuen Kontrollmechanismus jugendlicher Sexualität heranreift. Verstärkt wird diese Tendenz durch die Tatsache, daß sich im Kontrazeptionsverhalten eine stärkere Verschiebung ergeben hat. "So hat heutzutage die Verantwortung [für die Verhütung und damit auch für den Schutz vor AIDS] die Frau (Verhütung durch Pille und Spirale); gegenüber 1966, als die Männer vorwiegend für die Verhütung zuständig waren (Präservativ, Coitus interruptus)" (Neubauer 1987, S. 127). Solche Verantwortung zu übernehmen, fällt aber besonders Mädchen schwer, da es für sie oft verstärkt zutrifft, was Walter für erwachsene Frauen beschreibt: "Sehr viele Frauen leben mit dem Anspruch an sich selbst, sich 'richtig' verhalten zu wollen. Permanent aber stoßen sie auf innere und äußere Grenzen. Ihre Sozialisation verhindert, daß sie nachdrücklich Forderungen an Sexualpartner stellen, also das Risiko eingehen, sich unbeliebt zu machen" (1989, S. 8). Für junge Mädchen gilt darüber hinaus, in der großen Mehrheit, daß sie zwar auf vielfältige Weise erfahren, daß sie eine heterosexuelle Rolle einnehmen sollen, daß eine Beziehung zu einem Mann wichtig und erstrebenswert ist, daß sie aber nicht gelernt haben – besonders vor dem Hintergrund des "Risiko AIDS" – ihre Wünsche, Vorstellungen und Ängste besonders in ihren ersten sexuellen Beziehungen zu thematisieren, viel weniger noch in Handlungsstrategien umzusetzen. Und gerade die ersten heterosexuellen Erfahrungen böten für Mädchen die Chance – und stellen eine Notwendigkeit dar – mit Handlungsautonomie im heterosexuellen Bereich zu experimentieren. In der Regel sind es aber diese ersten Erfahrungen, die Mädchen auf die traditionellen Werte wie Monogamie, Anpassung an jungendominierte Vorstellungen von Beziehungen und Sexualität ausrichten, da Verlustängste dem Partner gegenüber und Statusverlust unter Gleichaltrigen bei nonkonformen Erwartungshaltungen und Verhaltensanforderungen der Mädchen überwiegen unter dem "Risiko AIDS" aus, das sowohl neue Kontrollen des Experimentierfeldes Heterosexualität von außen – aber auch von den Mädchen selbst – bewirkt. Gerade letztere, die diffuse Angst vor AIDS nämlich, geht häufig damit einher, daß Mädchen länger mit ersten Erfahrungen mit heterosexueller Genitalität warten – sich dem Experimentierfeld also selbst länger entziehen – oder aus Unsicherheit "überzogene Forderungen" bezüglich Treue und/oder HIV-Test an ihre ersten Partner stellen. Das "Risiko AIDS" wird so zum neuen Kontrollmechanismus weiblicher Sexualität und zur "Schere im eigenen Kopf", zur Selbstzensur bei den für die Identitätsentwicklung notwendigen Erfahrungen mit Partnerbeziehungen und Sexualität.

5. Sexuelle Gewalterfahrung und Identität

Telefonat einer Betroffenen:

Laura: Ich weiß noch, wie ich Ellen eines Tages anrief, einige Monate, nachdem ich mich zum ersten Mal an den Inzest erinnert hatte. Ich weiß noch, wie ich es klingeln ließ, zwei-, drei-, viermal, sie mußte zu Hause sein! Sie mußte!

Fünf-, sechs-, siebenmal, ich wußte, wenn ich nicht sofort mit ihr sprechen konnte, würde ich es nicht den ganzen Nachmittag durchhalten. Acht-, neun-, zehnmal, na ja, vielleicht war sie gerade draußen und holte die Wäsche rein und konnte nicht so schnell ans Telefon kommen. Elf-, zwölf-, dreizehnmal, ich halt diesen Schmerz keinen Moment länger aus. Mein Herz tut weh, und ich kann nicht mehr. Vierzehn-, fünfzehnmal ...
Sie meldete sich, fröhlich und ruhig.

"Ellen, hier ist Laura. Du, sag mir bloß eins: Wird das jemals aufhören? Ist irgendwann Schluß damit? Ich halt das nicht mehr aus, und wenn du mir jetzt sagst, ich komme da durch, kann ich wenigstens diese Woche durchhalten." Ich redete schnell, meine Worte überschlugen sich.

Ellen: "Hallo Laura. Gut, daß du angerufen hast." Ihre Stimme war freundlich, beruhigend. "Ja, du kannst das schaffen. Heilung ist möglich. Du hast schon viel geschafft."

Laura: "Viel geschafft? Wie kannst du das sagen? Ich kann nicht schlafen, und wenn ich schlaf, träum ich bloß davon. Ich kann an nichts anderes mehr denken. Jedes Kind, das ich auf der Straße seh, erinnert mich an Inzest. Ich hab keine Lust auf sexuelles Zusammensein, kann nichts essen, mein ganzer Körper fühlt sich an wie ein riesiges Stück Gummi. Ich heul die ganze Zeit. Mein ganzes Leben besteht nur aus Erinnerungsblitzen, in die Therapie gehen, über Inzest sprechen. Die halbe Zeit glaub ich nicht mal, daß es passiert ist, und die übrige Zeit bin ich sicher, es war meine Schuld."

Ellen: "Es ist passiert, Laura. Sieh dir an, was du durchmachst. Würde irgend jemand so eine Tortur freiwillig auf sich nehmen? Wozu solltest du etwas so Schlimmes erfinden? Du warst noch ein kleines Mädchen, Laura. Er war wie alt? Siebzig? Du warst ein Opfer. Du warst unschuldig. Du hast überhaupt nichts getan. Es war nicht deine Schuld."

Laura: Immer wieder wiederholte Ellen diese einfachen Sätze: "Es war nicht deine Schuld. Ich glaub dir. Heilung ist möglich. Du schaffst es. Du kommst da raus." Ich zählte ihr meine ganzen Zweifel auf. Ich dachte mir neue Argumente aus. Ich wußte, die anderen Überlebenden dachten sich so etwas nicht aus, aber ich war die Ausnahme. Ich war immer die Ausnahme gewesen, mein Leben lang.

Ellen: "Du kannst dagegen ankämpfen, soviel du willst, Laura ...aber die Tür ist jetzt auf, und du bist mitten im Heilungsprozeß, ob es dir gefällt oder nicht."

Laura: Dann kam eine lange Pause. Schließlich sagte ich: "Gibt es keinen Ausweg?"

Ellen: "Der einzige Ausweg ist mitten durch, leider."

Laura: Ich war lange still. "Aber es tut weh, Ellen. Es tut so weh."

Ellen: "Ich weiß, Laura. Ich weiß. Aber es gibt einen Weg durch diese Sache durch, und ich weiß, du wirst ihn finden" (modifiziert zit. nach Bass/Davis 1990, S.13/14).

Erfahrungen nach sexuellem Mißbrauch – Schilderung eines seltenen Falles?

Schätzungen zur Verbreitung sexuellen Mißbrauchs gehen – auch vor dem Hintergrund amerikanischer Zahlen – davon aus, daß jede dritte Frau in der Bundesrepublik Erfahrung mit sexueller Gewalt hat.

Im folgenden wird der Begriff "sexueller Mißbrauch" nur unter Vorbehalt verwandt, da er impliziert, daß es neben dem "Mißbrauch" auch einen nicht negativ besetzten sexuellen "Gebrauch" geben könne. Hier entlarvt sich schon über Sprache eine problematische Einstellung zur Sexualität, daß nämlich ihr Gebrauch (sowohl aktiv als auch passiv im Sinne von "gebraucht oder benutzt" werden) legitim und akzeptierbar sei. Da sich aber der Begriff sexueller Mißbrauch in der Literatur und im Sprachgebrauch der mit dieser Form von Gewalt befaßten Expertinnen und Organisationen durchgesetzt hat, wird er hier auch verwendet, um die leichtere Lesbarkeit von Zitaten zu gewährleisten.

Im hier vorliegenden Kontext wird die Definition von sexueller Kindesmißhandlung (synonym gebraucht mit Inzest) von Ineke Jonker übernommen: "Unter dem Begriff sexuelle Mißhandlung von Kindern in der Familie verstehe ich das Aufdrängen von Intimität und sexuellen Handlungen bei einem Kind durch jemanden, der Macht über das Kind ausüben kann" (zit. nach Rothen 1988, S.28).

"Nach Statistiken des Bundeskriminalamtes werden jährlich ca. 10.000 Fälle von sexuellem Mißbrauch an Kindern (§ 176 StGB) angezeigt ... Die Dunkelziffer bei sexuellem Mißbrauch an Kindern (ohne exhibitionistische Handlungen) wird 20–30 Mal so hoch eingeschätzt; d.h. jährlich werden in der Bundesrepublik etwa 200.000–300.000 Kinder sexuell mißbraucht" (Steinhage 1989, S. 13); zu 98% geschieht der sexuelle Mißbrauch durch Männer, nur ca. 6% der Täter sind den Kindern völlig fremd (Baurmann 1983, S. 13). "Häufig sind es Familienangehörige: Väter, Stiefväter, Großväter, Brüder und Onkel. Geschieht der sexuelle Mißbrauch innerhalb der Familie, so handelt es sich in 50–75% aller Fälle um einen Mißbrauch des Vaters oder Stiefvaters an der Tochter" (Steinhage 1989, S. 13/14). Alle einschlägigen Studien machen darauf aufmerksam, daß sexueller Mißbrauch niemals zufällig, sondern immer geplant ist. "Hinter jedem sexuellen Mißbrauch steckt die Intention des Täters ... Sexueller Mißbrauch bedeutet, daß der Täter das Vertrauen, die Abhängigkeit und Sexualität des Mädchens mißbraucht und kindliche Gefühle für seine Interessen benutzt ... In diesem Sinne ist sexueller Mißbrauch immer Gewaltanwendung, auch dann, wenn keine körperliche Gewalt zur Durchsetzung der Interessen des Täters notwendig ist" (Steinhage 1989, S. 17).

Sexueller Mißbrauch trifft Säuglinge und kleine Mädchen ebenso wie Heranwachsende. Sie kommen aus allen Schichten; die Täter sind "ganz normale

Männer, jung und alt, ledig oder verheiratet. Es handelt sich dabei nicht nur um Männer, die auch sonst gewalttätig und brutal gegen Frauen und Kinder vorgehen, sondern auch um Männer, die von Außenstehenden als vorbildliche Familienväter beschrieben werden" (Dokumentation der Stadt Dortmund 1988, S. 10; vgl. auch Trube-Becker 1987, S. 114ff.).

Die Mädchen werden benutzt und ausgenutzt, denn "sexueller Mißbrauch beraubt sie ihrer entwicklungsmäßig bestimmten Kontrolle über den eigenen Körper und der Möglichkeit, sich mit zunehmender Reife auf einer Basis der Gleichberechtigung für Geschlechtspartner ihrer Wahl zu entscheiden" (Kempe und Kempe 1980, S. 62/63).

Die Formen sexuellen Mißbrauchs an Mädchen reichen von intensivem Streicheln der erogenen Zonen bis zum gewalttätigen Eindringen, das oft - besonders bei kleinen Mädchen - mit Schmerzen und Verletzungen einhergeht (vgl. dazu z.B. Botens und Stenzel 1987, S. 8; Steinhage 1989, S. 20; Trube-Becker 1987, S. 116/117).

Die Folgen sind vielfältig und betreffen alle Aspekte der Persönlichkeit des Mädchens: Wird das Mädchen von einer Vertrauensperson, besonders vom Vater, sexuell mißbraucht, so resultieren Beeinträchtigung der Gefühle und der Realitätswahrnehmung (vgl. auch obiges Eingangszitat). Die Mädchen empfinden die sexuellen Übergriffe als abstoßend und ekelerregend; ihnen wird aber immer wieder suggeriert, daß sie positive Empfindungen haben sollten. Sie können nicht lernen, ihren eigenen Empfindungen zu trauen, sie zweifeln an ihrer Empfindungsfähigkeit und suchen häufig die Schuld bei sich. "Sie fühlen sich wertlos, unzulänglich und mißraten" (Steinhage 1989, S. 22). Ihre Wahrnehmung von Realität wird dadurch beeinträchtigt, daß der Mißbraucher den Schein der Normalität aufrecht erhält, sich dem Kind gegenüber verhält, als sei nichts geschehen, die Mißbrauchssituation oft auch in unverfängliche Spiele und Schmusen einbettet: Die Mädchen können die Handlungen nicht einordnen, "wissen manchmal nicht: hat es wirklich stattgefunden, oder habe ich geträumt? ... sie glauben, daß alles nicht so schlimm ist oder daß nichts geschehen sei. Sie können das, was ihnen angetan wird, nur überleben, indem sie es nicht mehr spüren. Sie vertrauen ihren Gefühlen und ihrer Wahrnehmung nicht mehr, deuten sie um, bagatellisieren sie und spalten ihre Gefühle ab" (Steinhage 1989, S. 22/23). Auch der Zwang zur Geheimhaltung und verschwiegene Situationsinszenierungen erlauben nicht, die oft auch als positiv, schön empfundenen Gefühle als gut und richtig zu erfahren; denn darüber darf nicht gesprochen werden. Die Mädchen können die unterschiedlichen Welten - sexuelle Zärtlichkeit durch den Vater und Tabuisierung dieses Bereichs – "nicht verknüpfen; sie beginnen, in zwei getrennten Welten zu leben" (Steinhage 1989, S. 24).

Sie entwickeln ein geringes Selbstwertgefühl, Schuld- und Angstgefühle; kleine Mädchen reagieren oft mit distanzlosem Verhalten, denn sie haben häufig Zärtlichkeit nur in sexualisierter Form erfahren und tragen diese Erfahrungen auch nach außen, Verhaltensweisen, die, wie Botens und Stenzel betonen, "im jugendlichen Alter oft in Promiskuität oder Prostitution" einmünden (1987, S. 9). Dieser Schritt ist um so kleiner, wenn diese Mädchen die Erfahrung gemacht haben, daß sie für sexuelle Handlungen mit dem Mißbraucher und ihr Schweigen von ihm mit kleinen Geschenken oder auch nur mit Zuwendung und Zärtlichkeit oder einer besonderen, bevorzugten Stellung in der Geschwisterreihe "belohnt" werden. Aber auch psychosomatische Störungen und Verweigerung, besonders von Körperkontakten und von Nahrung, sind Symptome, ebenso wie autoaggressives Verhalten, Verletzungen des Körpers und Erstarren aller Gefühle, "sie empfinden den Körper als tote Hülle. Autoaggressives Verhalten gibt dann dem inneren Schmerz eine äußere Realität" (Botens und Stenzel 1987, S. 10).

Die Beziehung zum eigenen Körper ist gestört, und diese Störungen dauern oft das ganze Leben an. Auch für sie trifft zu, was Stallberg für Prostituierte zusammenfassend unterstreicht: "Die Kindheitsgeschichte der jungen Prostituierten ist ganz wesentlich von massiven Gewalterfahrungen geprägt. Sie werden sowohl in vielfältiger Form mißhandelt als auch, vor allem von Vätern, sonstigen Erziehungsberechtigten und Verwandten sexuell mißbraucht. Bei den Mädchen scheint die sexuelle Viktimisierung fast schon 'dazuzugehören'; möglicherweise zwei Drittel von ihnen erleiden dieses Schicksal. Das Alter, in welchem der erste Sexualkontakt ausgeübt wird, ist natürlich auch deshalb außergewöhnlich niedrig. Für sämtliche Prostituierte gilt, daß sie sehr früh ihre physische Attraktivität – häufig zunächst leidvoll – erfahren und sexuelles Entgegenkommen als Mittel der Einflußnahme und des Erwerbs von Gegenleistungen kennengelernt haben" (Stallberg 1988, S. 45). Die Ausbildung einer stabilen Identität wird für diese Mädchen weitgehend unmöglich. Die geschlechtliche Identität, ihr Bild von sich als Frau, ist so reduziert auf ihre untergeordnete Situation z.B. in der Familie, in der der Vater über sie verfügen kann, sie benutzt. Sie entwickeln ein Mädchen- bzw. Frauenbild, in dem die Frau als Objekt, als den sexuellen Ansprüchen des Mannes ausgeliefert erscheint. Anerkennung und damit der Aufbau weiblichen Selbstbewußtseins gelingt ihnen nur verzerrt. Aber auch das Modell, das die Mütter sexuell mißbrauchter Mädchen als Ehefrau und Mutter leben, ist oft geprägt durch Hilflosigkeit der Mutter, häufig deren Unfähigkeit, sich gegen den Vater zu stellen, deren Angst vor Verlust des "heilen Familienlebens", deren finanzielle Abhängigkeit und mangelnde Solidarität mit der mißbrauchten Tochter (vgl. z.B. Steinhage 1988, S. 16; 1989, S. 94–105). Das Mädchen hat keine Möglichkeit, seine zukünftige Rolle als Frau positiv zu antizipieren, da sowohl die eigene Erfahrung als auch die gelebte Rolle der Mutter als negativ empfunden werden.

Besonders dramatisch entwickelt sich die Herausbildung des Aspekts der sexuellen Identität. Das Verhältnis zum eigenen Körper, zur eigenen Sexualität, ist bestimmt durch Abspaltung aller Gefühle, Autoaggressivität und die Erfahrung der fremdbestimmten Verfügbarkeit. Sexuell mißbrauchte Mädchen lernen ihren Körper nur als "Mittel zum Zweck" kennen und können Sexualität nicht als positiven Teil ihrer Körperlichkeit erfahren. Sexualität ist für sie zudem häufig mit Schuld- und Versagenserlebnissen verbunden, die einer gefestigten sexuellen Identität entgegenstehen.

Auch und gerade der Bereich der Herausbildung einer stabilen persönlichen Identität wird extrem erschwert. Nicht nur sind diese Mädchen viel zu früh fremdbestimmt sexuellen Übergriffen ausgesetzt und können diese Beziehung zum Mißbraucher nicht selbst bestimmen, auch werden sie bei ihren Versuchen, andere Beziehungen, sei es zu anderen Mädchen oder Jungen, anzuknüpfen, von den Mißbrauchern häufig behindert durch Verbote, Eifersucht, Reglementierung, selbst durch physisches Einsperren). Durch solche physisch-räumlichen und psychischen Einschränkungen wird dann die Aufnahme anderer Beziehungen behindert; selbst-bewußtes Anknüpfen und Experimentieren mit und in Beziehungen wird unmöglich.

Sexuell mißbrauchte Mädchen haben – ähnlich den Mädchen in sozial benachteiligten Lebenszusammenhängen – aufgrund sozialstruktureller und psychosozialer Gegebenheiten Schwierigkeiten, eine stabile Identität auszubilden. Damit sind ihre Möglichkeiten, Handlungsstrategien und Verhaltensweisen zu entwickeln, die ihnen ein autonomes und selbstbestimmtes Ausgestalten ihrer Sexualität eröffnen, stark eingeschränkt. Diese Einschränkungen der sexuellen Selbstbestimmung unterliegen krisenhaften Zuspitzungen, wenn die Lebensumwelt (z.B. durch das "Risiko AIDS") diffuse Ängste und Verhaltensunsicherheiten dem Erfahrungshorizont der Mädchen hinzufügt.

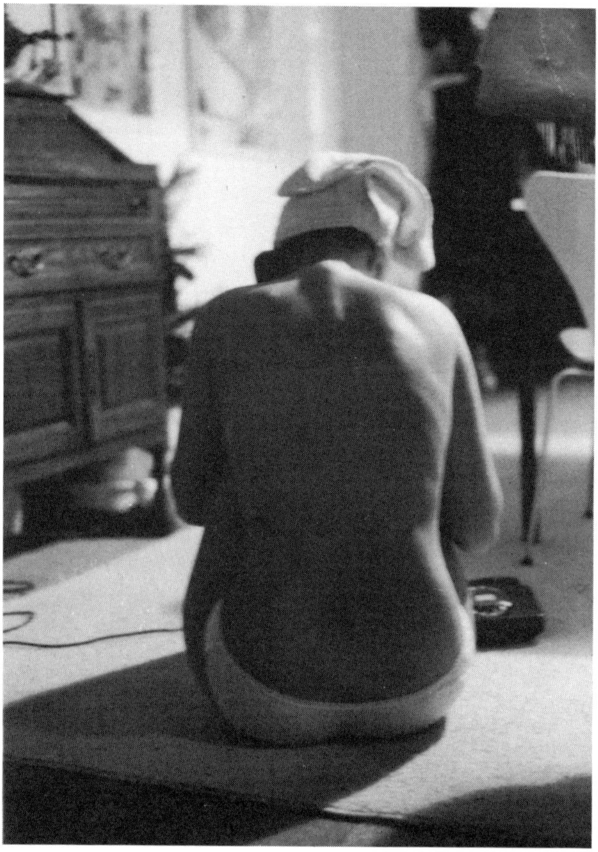

6. Allgemeine Folgerungen für die Sexualerziehung von Mädchen

"... Die bisherigen Sexualerziehungskonzepte waren zumeist dadurch bestimmt, daß man den Jugendlichen helfen wollte, gegen Repressivität, Tabus und negative Haltungen gegenüber der Sexualität anzugehen ... Die Antwort auf früheren Verzicht heißt aber heute: Betrete das Gelobte Land. Wurde früher mit Sexualität ähnlich wie mit Geld umgegangen, sparsam, so wird sie heute eher konsumiert. Die Aufforderungen legen den Jugendlichen aber neue Zwänge auf, und so entwickeln sich im Kopf – natürlich durch die Medien forciert – neue Ich-Ideale über 'so bin ich' oder, 'so will ich sein'. In der Realität aber brechen sich diese Ideale und in alltäglichen Situationen erlebt sich der Jugendliche als 'ich bin so' bzw. 'ich bin aber anders'. Es zeigt sich für ihn, daß er nicht eindeutig und stimmig ist und sich ein Gefühl der Zufriedenheit erst allmählich entwickelt.

Daraus ziehe ich den Schluß, daß Jugendliche gestärkt werden müssen, ihre Empfindungen und Möglichkeiten herauszufinden und nicht so sehr von den präformierten Vorstellungen ausgehen sollten. Nicht so sehr das Wissen über Sexualität ermöglicht sie, sondern die persönlichen Erfahrungen über die eigenen Möglichkeiten macht sie erlebbar" (Neubauer 1987, S. 138).

Was bedeutet dieses für 'Jugendliche allgemein' aufgestellte Postulat nun für die Sexualerziehung von Mädchen?

Sexualerziehung sollte und kann nicht losgelöst vom Aufbau stabiler Identitäten gesehen werden. Gerade die Phase der Pubertät, die Identitätssuche und Aufbau einer eigenständigen Persönlichkeit ermöglichen sollte, muß jungen Mädchen die Chance bieten, ihre Sexualität als integralen Bestandteil einer stabilen Persönlichkeit zu erkennen und zu erfahren. Gerade in dieser "unsicheren und suchenden Lebensphase brauchen Mädchen Hilfen, die sowohl im Elternhaus, aber auch – und gerade – außerhalb des Elternhauses zur Verfügung gestellt werden müssen. Außerhalb des Elternhauses (z.B. in der Schule und im außerschulischen Bereich, so in der Jugendarbeit) sind diese Hilfen auch deshalb so wichtig, weil in der Pubertät als Phase der "Ablösung der Jugendlichen vom Elternhaus ... die Bedeutung des Elternhauses im Hinblick auf sexuelle Fragen" (Neubauer 1987, S. 140) abnimmt. Hilfen für Mädchen bei der Ausbildung einer stabilen Identität können auf zwei Ebenen gegeben werden, der der Stärkung des Selbstbewußtseins der Mädchen als Mädchen (auch gegenüber Jungen) und der der Handlungsautonomie (auch im sexuellen Bereich).

1. *Stärkung des Selbstbewußtseins* von Mädchen (sexuelle und geschlechtliche Identitätsakspekte)

Hier brauchen Mädchen Hilfen:

- bei der Akzeptanz ihres eigenen Körpers und ihrer Körperlichkeit (einschließlich ihrer Wünsche und Bedürfnisse im sexuellen Bereich)
- beim Erkennen der Legitimität weiblicher Emotionalität und sexueller Bedürfnisse (einschließlich der Möglichkeit, sie gegen "Gruppenzwänge" zu verteidigen und ggfs. heterosexuelle Genitalität vorerst zurückzustellen)
- beim Erkennen der "Bilder im Kopf" der Mädchen von sich als Mädchen/ Frau in der Gesellschaft und bei der kritischen Hinterfragung dieser Geschlechtsrollenstereotype
- beim Erkennen der "Bilder im Kopf" von Jungen/Männern in der Gesellschaft, die Erwartungen und Handlungen von Mädchen im sexuellen Bereich "anleiten" und der kritischen Auseinandersetzung mit diesen männlichen Geschlechtsrollenstereotypen
- beim Erkennen der vielgestaltigen Möglichkeiten sexuellen Austausches in einer heterosexuellen Beziehung ebenso wie bei der Akzeptanz von gleichgeschlechtlichen Beziehungen.

Vor dem Hintergrund eines stabilen Selbstbewußtseins – und darauf fußend – sind dann

2. Hilfen beim *Auf- und Ausbau von Handlungsautonomie* von Bedeutung (Aspekt der persönlichen Identität):

- beim Erkennen, daß zwischen Vorstellungen von der "idealen Beziehung zum anderen Geschlecht" und den eigenen Erfahrungen in diesem Bereich nicht immer Übereinstimmung herrschen und daß solche Diskrepanzen nicht zu Selbstwertproblemen führen müssen und
- bei der Fähigkeit, vermittelte Normen und Werte durch Sozialisationsinstanzen kritisch zu hinterfragen und ggfs. für den eigenen Lebensbereich zu relativieren
- bei der Stärkung der Entscheidungsfreiheit der Mädchen
- bei der Entwicklung von Durchsetzungsvermögen.

II MÄDCHEN - SEXUALITÄT - JUGENDHILFE

1. Mädchenarbeit in der Jugendhilfe

Die Analyse der Benachteiligung von Mädchen im allgemeinen und in der Jugendhilfe im besonderen führte zu Beginn der 70er Jahre zur Entwicklung einer feministischen Mädchenarbeit. Anlaß und Ausgangspunkt war die Kritik an der praktizierten Koedukation in der offenen Jugendarbeit, demzufolge diese ihren grundsätzlichen Anspruch an die Gleichberechtigung beider Geschlechter für Mädchen unzulänglich einlöst oder gar zu deren weiterer Benachteiligung beiträgt (vgl. Savier/Wildt 1978, Eichelkraut/Simon 1984). Parteilichkeit für Mädchen, geschlechtshomogene Gruppenarbeit und die Auseinandersetzung mit den patriarchalischen Strukturen innerhalb der offenen Jugendarbeit kennzeichnen den Beginn der Mädchenarbeit in der Jugendhilfe.

Es folgte eine Phase des quantitativen Ausbaus von Mädchengruppen in Jugendeinrichtungen und die Entwicklung einiger spezieller Mädchenprojekte. Die zunehmende Akzeptanz von Mädchenarbeit als Bestandteil offener Jugendarbeit stand jedoch im Widerspruch zu ihrer zunehmenden Reduzierung auf die Gruppenarbeit mit Mädchen und der "Zuständigkeit" einzelner weiblicher Fachkräfte, häufig genug sogar der Honorarkräfte. Kritische Stimmen führten diese Entwicklung nicht zuletzt auch auf Theorie-Praxis-Probleme und eine damit einhergehende Entpolitisierung feministischer Mädchenarbeit zurück (vgl. Heinrich 1983); andere belegen mit den Durchsetzungsproblemen der Mädchenarbeit die starren patriarchalischen Strukturen in den Jugendhäusern (vgl. Eichelkraut/Simon 1984). Die Überwindung eines "Schattendaseins" der Mädchenarbeit in den letzten Jahren und die Setzung neuer Impulse wurden nicht zuletzt durch einige Untersuchungen wie z.B. den 6. Jugendbericht, die Hessischen und Nordrhein-Westfälischen Mädchenstudien, zahlreiche Fachtagungen, die Einrichtung von "Mädchenbeauftragten" in Behörden, Verbänden etc. und die Gründung der Zentralstelle zur Förderung der Mädchenarbeit in Münster bewirkt.

Zentrales Anliegen der Mädchenarbeit sind der Abbau geschlechtsspezifischer Benachteiligung und die Förderung der Chancengleichheit von Mädchen.

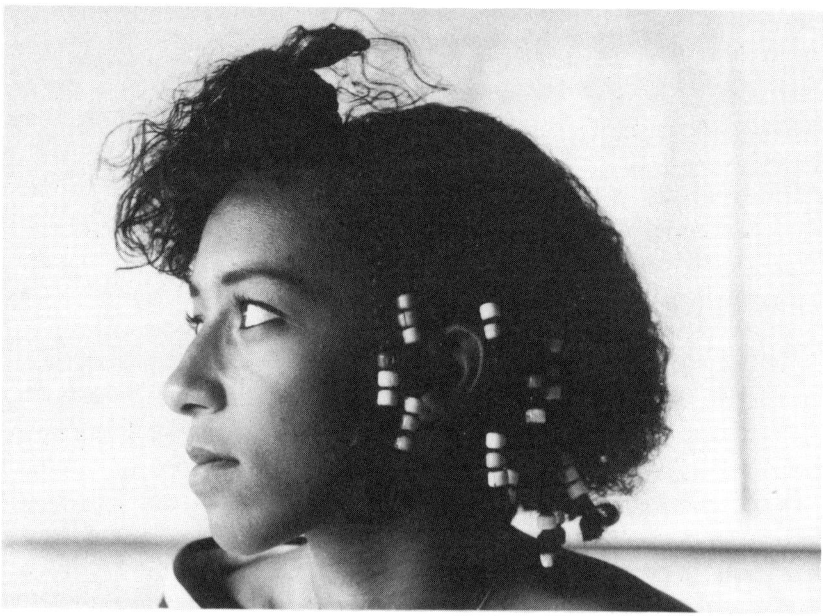

Dies beinhaltet die Berücksichtigung verschiedener Elemente feministischer Diskurse (vgl. hierzu Prengel 1986):

- Aufhebung der Entmündigung und Ausgrenzung von Mädchen (und Frauen) und damit der ungleichen Chancenverteilung (Gleichheitsdiskurs)
- Aufhebung der Abwertung von Mädchen (und Frauen) aufgrund männlich orientierter Standards von Kompetenz und Aufwertung spezifisch weiblicher Kompetenzen (Radikalfeministischer Diskurs)
- Entwicklung von neuen Geschlechterkonzepten, die jenseits propagierter Leitbilder vielfältige Formen von weiblichen und männlichen Lebensentwürfen möglich machen (Diskurs der Offenheit).

Diese Leitgedanken erfordern einen Perspektivenwechsel auf Mädchen, der weg von der Selbstverschuldungs- oder der Opfertheorie ("Defizitperspektive") den Sinnzusammenhang individuellen Handelns von Mädchen im Kontext strukturreller Vorgaben erkennt (vgl. Ministerium für Arbeit, Gesundheit und Soziales des Landes NW 1986 und 1987).

Die Erkenntnis dieses Sinnzusammenhangs erfordert eine fachliche Qualifizierung für eine parteiliche Mädchenarbeit. Dazu bedarf es der Aneignung von geschlechtsspezifischen Sozialisationstheorien, sozialstrukturellen Analysen zur Rolle und Stellung von Frauen in einer patriarchalen Gesellschaft und deren Reflexion, auch mit Blick auf die eigene Entwicklung der Fachkräfte.

Praktisch umgesetzt bedeutet das u.a.:

- auf der Wissensebene: Aneignung von fachwissenschaftlichen Erkenntnissen unter geschlechtsspezifischen Gesichtspunkten
- auf der Wahrnehmungsebene: Erkennen geschlechtsbedingter Diskriminierungen
- auf der Einstellungs- und Verhaltensebene: Abstimmen von Wissen und Wahrnehmungen mit eigenen Einstellungen und Verhaltensweisen und
- auf der Handlungsebene: Umsetzung von Wissen und Einstellungen in konkretes Handeln.

Vor diesem Hintergrund "menschlicher Kompetenz" ist Ziel der feministischen Mädchenarbeit die Stärkung des Selbstbewußtseins von Mädchen und der Auf- und Ausbau ihrer Handlungsautonomie, die Förderung der sexuellen, geschlechtlichen und persönlichen Identität.

Die Einführung und Entwicklung von Mädchenarbeit führte zu einer heftig geführten und bis heute andauernden Debatte um die Koedukation. Dabei kristallisieren sich insbesondere drei Positionen heraus.

Position 1 leitet aus der feministischen Kritik an der praktizierten Koedukation die Notwendigkeit geschlechtshomogener Arbeit mit Mädchen ab und sucht dabei nicht gleichzeitig auch nach Möglichkeiten zur Qualifizierung geschlechtsgemischter Angebote. Insbesondere auch Naundorf/Wildt (1986) beziehen Position für eine geschlechtergetrennte Mädchenarbeit, die Freiräume für Mädchen schafft, anstatt sich "auf eine umfassende Konfrontation innerhalb der männerbeherrschten Institutionen einzulassen" (S. 3). Entsprechend ihrer radikalfeministischen Vorstellungen von der Neubewertung weiblicher Fähigkeiten für Individuum und Gesellschaft rekurrieren sie bei ihren Begründungen für ihre Position auf Ziele, Inhalte und Methoden einer spezifischen Mädchen- und Frauensozialarbeit, wie sie auch der gemäßigte Flügel der alten Frauenbewegung vertreten hat.

Für eine angemessene Teilhabe und Einfluß von Mädchen und Frauen auf die Gesellschaft und damit auch auf ihr eigenes Leben sei eine geschlechtergetrennte Erziehung und Bildung unabdingbar. Dies wird von den Protagonistinnen dieses Ansatzes sowohl auf die Jugendarbeit als auch auf die Schule bezogen. Konsequent ist somit die Forderung nach Mädchenschulen, Mädchentreffs, Mädchenhäusern etc. sowie die alleinige Zuständigkeit weiblicher Personen für die Mädchenarbeit.

Auch *Position 2* geht davon aus, daß Kriterien einer feministischen Mädchenarbeit Parteilichkeit, Perspektivenwechsel und Neubewertung sogenannter weiblicher und männlicher Kompetenzen sind, wobei insbesondere jedoch auch Wert gelegt wird auf die Eroberung "männlicher Territorien". Diese Ziele und Inhalte werden in einem umfassenden Konzept geschlechtsspezifischer Pädagogik verfolgt (vgl. Savier/Wildt 1978, Institut für soziale Arbeit e.V. 1986). Demnach ist die geschlechtergetrennte Arbeit mit Mädchen in Gruppen zwar unabdingbarer, jedoch lediglich ein Bestandteil weiterer Aktivitäten auch im koedukativen Feld. So fordern Protagonistinnen von Position 2 neben einer Sensibilisierung und Qualifizierung aller Fachkräfte für geschlechtsspezifische Pädagogik auch eine antipatriarchalische Jungenarbeit. Das Aufbrechen weiblicher und männlicher Geschlechtsrollenfixierungen, die Entstehung von Problembewußtsein und die Entwicklung von Handlungskonsequenzen sollen männliche Pädagogen in Jungengruppen, weibliche Pädagoginnen in Mädchengruppen und beide Geschlechter gemeinsam jenseits dieser Gruppenarbeit im offenen Bereich oder in koedukativen Angeboten vorantreiben.

Wesentlicher Unterschied zwischen Position 1 und Position 2 sind somit nicht ihre Ziele und Inhalte, die geprägt sind von einer frauenpolitischen Parteilichkeit für die Zielgruppe Mädchen, sondern ihre Wege zur Zweckerreichung.

Position 3 entwickelte sich in Reaktion auf Position 1 und 2. Als Gegenposition wird Kritik mit im wesentlichen folgenden beiden Argumenten geübt: 1. Mädchenarbeit ist ein Angriff auf die Koedukation, und 2. Mädchenarbeit ist ein Rückschritt in überholte Erziehungstraditionen. Das erste Argument bezieht sich auf die geschlechtshomogene Gruppenarbeit mit Mädchen und wird insbesondere von solchen Fachkräften vertreten, die sich in den 60er Jahren für die Koedukation eingesetzt hatten und darin einen entscheidenden Schritt für die Emanzipation von Mädchen sahen. (Diese Position ist m.W. nicht schriftlich fixiert. Sie wird jedoch auf Tagungen u.a. insbesondere von männlichen Jugendpflegern, Jugendverbandsvertretern und Jugendamtsleitern z.T. vehement vertreten.)

Position 3 versteht sich als "geschlechtsneutraler" Ansatz. D.h., daß hinsichtlich der Konzepte und Ansätze in der Jugendhilfe keine Unterschiede zwischen Mädchen und Jungen gemacht werden, wobei die gegebene Benachteiligung von Mädchen durchaus gesehen wird. Dieser Ansatz geht davon aus, daß die Benachteiligung von Mädchen am besten dadurch abgeschafft wird, daß bewußt keine Unterschiede gemacht werden. VertreterInnen von Position 1 und 2 kritisieren an Position 3, daß diese die real vorhandenen Unterschiede in den Lebenswelten von Mädchen und Jungen nicht oder unzulänglich aufgreift. Unterrepräsentation von Mädchen in der Jugendarbeit erklären sie nicht oder üben Schuldzuweisung, indem sie den Mädchen Desinteresse anlasten. Das zweite Argument, das auf überholte Erziehungstraditionen rekurriert, thematisiere ebenfalls nicht Inhalte und Ziele der neuen Mädchenarbeit und ihre grundsätzlichen Unterschiede zur traditionellen Mädchenbildung. Diese Kritik zeigt, daß die beschriebenen Positionen z.T. als unvereinbar angesehen und entsprechend konträr diskutiert werden.

Der Widerstand gegen die Einführung von Mädchenarbeit, sei es nach dem eher radikal-feministischen Verständnis von Position 1 oder entsprechend Position 2 in den verschiedenen Feldern der Jugendhilfe ist nach wie vor nicht zu unterschätzen, wenngleich doch erkennbare Veränderungen wahrgenommen werden können. Diese sind nicht zuletzt darauf zurückzuführen, daß im Zuge des 6. Jugendberichtes der Bundesregierung sowie der Hessischen und Nordrhein-Westfälischen Mädchenstudien Sensibilisierung geschaffen und Klärungsprozesse vorangetrieben werden konnten, die in der Praxis der Jugendhilfe z.T. bereits in der Entwicklung feministischer Mädchenarbeit begonnen hatten. In letzter Zeit wurde dieser Entwicklung in den Beschlüssen der Jugendministerkonferenzen Rechnung getragen durch zahlreiche Forderungen und Empfehlungen zur Verbesserung der Lebenssituation von Mädchen durch die Jugendhilfe (vgl. Jugendministerkonferenz vom 7./8. Mai 1987). Nicht zuletzt diese Beschlüsse der Jugendministerkonferenzen der letzten Jahre zeigen, daß die Situation von Mädchen fachpolitisch zunehmend nicht nur von Protagonistinnen der Mädchenarbeit ins Blickfeld genommen wird. Die Appelle und Aufforderungen an die Trä-

STAR

ger der Jugendhilfe, ihre Angebote insbesondere auch an Mädchen zu richten, orientieren sich sowohl an den Forderungen nach Qualifizierung koedukativer Angebote als auch an der Entwicklung reiner Mädchenprojekte. So gesehen ist die Mädchenarbeit "salonfähig" geworden. Nichtsdestotrotz wird aus der Praxis weiterhin von erheblichen Behinderungen für die Mädchenarbeit berichtet. Hervorgehoben werden dabei der im Vergleich zu anderen Arbeitsansätzen unvergleichlich hohe Legitimationsdruck bei der Umsetzung und die permanente Auseinandersetzung mit dem Verdacht, es solle die Koedukation letztlich doch abgeschafft werden. Unübersehbar ist auch, daß die Mädchenarbeit und die allgemeine Diskussion um die Situation der Jugendarbeit bislang wenig miteinander verknüpft werden. Immer noch wird diese Thematik auf eine "Bindestrichsoziologie bzw. -pädagogik" beschränkt. Zu verzeichnen sind aber auch erste Ansätze, die allgemeine Diskussion über Ziele, Positionen, Konzepte, Methoden offener Jugendarbeit auf ihre Stimmigkeit für Mädchen und Jungen zu prüfen (vgl. Trauernicht 1988).

Auf direkte und indirekte Diskriminierung und fehlende kompensatorische Angebote in allen Feldern der Jugendhilfe weisen auch etliche sozialwissenschaftliche Untersuchungen hin.

Für die *offene Jugendarbeit* konstatieren Eichelkraut/Simon, daß deren Angebote sich an Jungeninteressen und nicht an Interessen und Problemen von Mädchen orientieren, diese somit auch unterrepräsentiert sind (vgl. Eichelkraut/Simon 1984). Untersuchungen des Instituts für soziale Arbeit e.V. erhärten diese Aussagen durch empirische Daten für Nordrhein-Westfalen und verweisen zudem auf die für Mädchen ausgrenzende Wirkung von Architektur und sächlicher Ausstattung der Jugendeinrichtungen (vgl. Institut für soziale Arbeit e.V. 1986, Ministerium für Arbeit, Gesundheit und Soziales des Landes NRW 1986 und 1987). Die damit verbundene Unterrepräsentanz von Mädchen wird nicht als strukturell bedingte Ausgrenzung wahrgenommen, sondern den Mädchen als Desinteresse ausgelegt und sie selbst als "Defizitwesen" definiert.

In der *Jugendsozialarbeit* fehlen sowohl in Berufsvorbereitungsmaßnahmen als auch in Ausbildungsprojekten pädagogische Konzepte, die der Zuständigkeit von Mädchen für Familie und Beruf und daraus resultierenden Konflikten Rechnung tragen. Obgleich Mädchen bei den Ausbildungsstellensuchenden überrepräsentiert sind, sind sie in Ausbildungsprojekten der Jugendhilfe deutlich unterrepräsentiert und Angebote für sie bleiben überdurchschnittlich häufig auf wenig zukunftsträchtige Frauenberufe wie Hauswirtschafterin und Schneiderin beschränkt (vgl. Bevollmächtigte der Hessischen Landesregierung 1986).

Für den Bereich der *Erziehungshilfen* wird festgestellt, daß den Interventionen der Sozialarbeit traditionelle Normalitätsdefinitionen zugrunde liegen und die jeweils handlungsleitenden Auffälligkeitsdefinitionen an typisch weiblichen Rollenerwartungen orientiert sind, daß Probleme von Mädchen in Familien seltener als bei Jungen erkannt werden, daß für spezifische Konfliktlagen wie z.B. der sexuelle Mißbrauch, Unterstützungsangebote nicht bestehen, sowie auf Auffälligkeiten bei Mädchen mit härteren Maßnahmen reagiert wird (vgl. vor allem Blandow u.a. 1986, Netzeband u.a. 1985).

Zielgruppenbezogene Forschungen beschreiben die Lebenswelten ausländischer Mädchen, arbeitsloser Mädchen, behinderter Mädchen, sexuell mißbrauchter Mädchen etc. und verweisen auf direkte und indirekte Diskriminierungen sowie fehlende kompensatorische Angebote auch durch die Jugendhilfe (vgl. Rosen/Stüwe 1985, Kreysig/Kurth 1982, Schildmann 1985, Kavemann/Lohstöter 1985, Diezinger u.a. 1985, Seidenspinner u.a. 1984).

Als Erfolg für die weitere Entwicklung der Mädchenarbeit in der Jugendhilfe kann gewertet werden, daß das Kinder- und Jugendhilfegesetz, das am 1.1.1991 in Kraft getreten ist, in seine Allgemeinen Vorschriften im ersten Kapitel zur besonderen Förderung von Mädchen auffordert. So heißt es in § 9: "Bei der Ausgestaltung der Leistungen und der Erfüllung der Aufgaben sind [...] die unterschiedlichen Lebenslagen von Mädchen und Jungen zu berücksichtigen, Benachteiligungen abzubauen und die Gleichberechtigung von Mädchen und Jungen zu fördern."

Es bleibt zu hoffen, daß die Verwirklichung dieses Grundsatzes sich zum durchgängigen Selbstverständnis der Jugendhilfe entwickelt.

2. Mädchen, Sexualität und Jugendarbeit

Geschlechtsspezifische Konfliktanlässe in der offenen Jugendarbeit gibt es vielfältig und in verschiedensten Ausprägungen. Ebenfalls unterschiedlich ausgeprägt sind in dieser Hinsicht die Wahrnehmungskompetenzen der Fachkräfte. Uneinheitlich ist zudem, inwieweit diese Wahrnehmungen Gegenstand von fachlichen Diskussionen zwischen zweien, mehreren oder allen Fachkräften werden oder ob "stille" pädagogische Aktionen erfolgen. Noch komplexer wird die Lage dadurch, daß die Sensibilität, geschlechtsspezifische Konflikte in der offenen Jugendarbeit bewußt wahrzunehmen, mit der Zeit bei den jeweiligen Personen aufgrund von Gewöhnung abnehmen und abstumpfen kann. Offensichtlich bleibt jedoch als Gemeinsamkeit, daß vor allem direkte Gewalt und Sexismus von Jungen gegen Mädchen Anlaß bzw. Gegenstand der Thematisierung der Situation von Mädchen sein können. Dies bedeutet, daß die Thematisierung der Situation von Mädchen eher zufällig bzw. situationsbedingt erfolgt. Aufgrund der Fülle von Ereignissen im Alltag der offenen Jugendarbeit, die pädagogisches Handeln nötig macht, selektieren die Fachkräfte nach eigenem Ermessen. In vielen Einrichtungen wird der Handlungsrahmen in hohem Maße bestimmt durch das gesetzte Ziel, einen möglichst aggressionsfreien Alltagsablauf zu sichern. D.h., daß Aggressionen gemindert, Schlägereien verhindert, Diebstähle und Sachbeschädigungen durch Jugendliche vermieden werden etc. Da diese störenden und konflikthaften Aktionen i.d.R. von männlichen Besuchern ausgehen, wird die pädagogische Arbeit erheblich bestimmt durch "Vorgaben" männlicher Besucher. Je größer das Aggressions- und Gewaltpotential der Jungen in der jeweiligen Jugendeinrichtung ist, um so mehr Aufmerksamkeit wenden die Fachkräfte ihnen zu, und um so weniger Aufmerksamkeit der Fachkräfte erfahren die Mädchen. Dieser Zusammenhang zwischen Alltagsbewältigung und Jungendominanz in der Jugendarbeit verschiebt die gesamte Bewertungsskala. So kann es in den Einrichtungen bei Sachbeschädigungen "Hausverbot" geben – Beschädigungen der weiblichen Integrität durch verbale und körperliche sexistische Attacken sind jedoch selten Anlässe dafür.

Folgende Aussagen zum Gebrauch sexistischer Schimpfwörter wurden z.B. von weiblichen und männlichen Fachkräften einer Jugendeinrichtung gemacht:

"Sexistische Schimpfwörter sind ja nur Anmache, das ist ganz natürlich, das muß man nicht problematisieren" (männliche Fachkraft).
"Find' ich unmöglich. Schreite ein, problematisiere es" (weibliche Fachkraft).
"Es kommt zwar zwischen Jungen und Mädchen immer wieder zu Streitigkeiten, doch daß hier von Jungen sexistische Schimpfwörter gebraucht werden, ist mir nicht aufgefallen" (männliche Fachkraft).
"Durch den häufigen Gebrauch von Schimpfwörtern bin ich dagegen (leider) abgestumpft. Ich nehme sie nicht mehr in der Weise wahr, wie ich das zu Beginn meiner Arbeit getan habe. Aber grundsätzlich lehne ich den Gebrauch dieser Schimpfwörter ab. Besonders bei jüngeren Kindern (10-13 Jahre) müßte man gezielter gegen den Gebrauch vorgehen" (weibliche Fachkraft).
"Finde ich sehr schlimm, da diskriminierend und gewalttätig. Mein Problem: ab welchem Punkt, wie einschreiten, wie eingreifen, rechtfertigen (da das nicht als strafwürdig angesehen wird). Ich zeige individuell meine Ablehnung, aber würde es für sinnvoll halten, wenn das Team das geschlossen machen würde, und wir Mittel finden würden, um Mädchen zur kollektiven Gegenwehr zu ermutigen" (männliche Fachkraft).

Die Zitate verweisen auf deutliche Unterschiede in der Wahrnehmung und der Bewertung bzgl. des Gebrauchs von Schimpfwörtern und Unterschiede in der Art und Weise der pädagogischen Interventionen von Fachkräften. In unterschiedlicher Ausgeprägtheit und Akzentuiertheit ist Ähnliches in fast allen Jugendeinrichtungen anzutreffen. Tendenziell sind die weiblichen Fachkräfte sensibler für die Benachteiligung und Abwertungen von Mädchen als die männlichen Mitarbeiter. Aufgrund ihrer Mitbetroffenheit als Frau und ähnlicher alltäglicher Erfahrungen verhalten sie sich auch häufiger zu sexistischem Verhalten von Jungen. So werden die Akteure verbal gemaßregelt. Einige versuchen, die Mädchen aufzuklären und sie zur Selbst-Verteidigung zu befähigen. Andere wünschen sich, weniger emotional und betroffen zu reagieren, um stattdessen mit den Mädchen und Jungen in Einzel- und Gruppengesprächen die Bedeutung und Wirkkraft sexistischer Ausdrücke zu thematisieren und bewußt zu machen, um so langfristig Verhaltensänderungen zu bewirken. Die weiblichen Mitarbeiterinnen erwarten von ihren männlichen Kollegen, daß sie ähnlich wie sie reagieren und solidarisch der Abwertung von Mädchen entgegengewirkt wird.

"Aus persönlicher Betroffenheit als Frau lehne ich dieses Verhalten (sexistische Schimpfwörter) strikt ab. Erste Reaktionen meinerseits sind meist spontane verbale, oft aggressive Maßregelungen des männlichen Besuchers. Verdeutlichen der eigenen Position und Ablehnung. Weiterhin versuche ich mit Mädchen, solche Situationen aufzuarbeiten, daß sie in solchen Situationen klare Abwehrmechanismen bieten können. Unbedingt notwendig erscheint mir, daß auch die männlichen Kollegen auf solche Äußerungen eingehen."

"Ich versuche, den Mädchen und Jungen bewußt zu machen, daß Frauen nicht 'nur' als Sexualobjekte gesehen werden dürfen. Den Mädchen bewußt zu machen, wie sie gekränkt werden, daß sie oftmals nur nach Äußerlichkeiten beurteilt werden. (...) Wenn es mich als hauptamtliche Mitarbeiterin betrifft, reagiere ich mit starker Betroffenheit. Zeige, sage, daß ich mich nicht so abqualifizieren lassen will, daß es nicht schmeichelhaft für mich ist, wenn z.B. mir jemand auf den Po klopft. Bei weiblichen Besucherinnen greife ich je nach Situation unterschiedlich ein, wie sie sich m. M. nach fühlen, ob sie sich gekränkt oder sich geschmeichelt fühlen."

Männliche Mitarbeiter bewerten sexistische Äußerungen von Jugendlichen eher wie folgt:

"Sexistische Schimpfwörter – was ist das?"

"Zunächst ist die Frage, ob sich für den Jugendlichen Mädchen/Frauen nur auf diesen sexistischen Bereich reduzieren. Im weiteren Verlauf Erkundung der Herkunft für sein Verhalten. Dabei bleibt es aber – ich muß es ehrlich zugeben. Oft ist auch nur die Reaktion bei mir: 'Reiß dich mal zusammen!' oder 'Hör auf, die Leute hier so dumm anzumachen!'"

"Ich habe selbst Probleme mit meinen sexistischen Äußerungen z.T. bedingt durch unser Klientel. Hier greife ich in den seltensten Fällen ein, weil es kaum zu einer Gesprächssi-

tuation kommen kann."
"Der Gebrauch der Wörter ist Ausdruck des gestörten Verhältnisses zu Sex, der abgespalten, nicht integriert im Leben wahrgenommen wird. Z.B. versuche ich manchmal durch 'Ironie' den Gebrauch eines bestimmten Wortes zu wiederholen, um das bewußt werden zu lassen ohne Kommentar."
"Sexistische Schimpfwörter werden von beiden Geschlechtern sehr häufig gebraucht. Großteils überhöre ich solche Ausdrücke wohlwollend, um sie bedeutungslos erscheinen zu lassen. Gelegentlich, wenn die Situation mir geeignet erscheint, frage ich nach dem, was diese Wörter bedeuten und warum sie ausgesprochen werden. Darauf bekomme ich meist keine eindeutige Antwort. Ich glaube, daß eine umfangreiche Aufklärungsarbeit nötig wäre, um diesen Wörtern den Reiz des Verbotenen zu nehmen. Allerdings ist das Vorfeld alles andere als positiv. Wahrscheinlich sind sexistische Schimpfwörter auch in der Familie nichts Außergewöhnliches."

Nach dem Motto "Die-Mädchen-haben-selber-schuld", "Sie-wollen-es-ja-gar-nicht-anders" oder "Sie-haben-es-geradezu-herausgefordert" entlasten sich Fachkräfte von der Notwendigkeit pädagogischer Konsequenzen. Vor diesem Hintergrund wird nachvollziehbarer, daß i.d.R. dann in solchen pädagogischen Milieus auch nicht der Schritt von der Thematisierung der Situation von Mädchen zur Planung und Realisierung geschlechtsspezifischer Ansätze wie Mädchenarbeit getan wird.

In Reaktion auf die direkten und indirekten Diskriminierungen von Mädchen in der offenen Jugendarbeit entwickelt sich zunehmend eine spezifische Mädchenarbeit. (Wenig Raum nimmt hingegen die in Ergänzung zur feministischen Mädchenarbeit entwickelte antipatriarchalische Jugendarbeit ein.) Dabei geht es ganz wesentlich darum, Fachkräfte beiderlei Geschlechts zu sensibilisieren für geschlechtsspezifisch bedingte Lebenslagen, Interessen und Befürfnisse und ihrer Berücksichtigung in Angeboten der Jugendarbeit.

Folgende Ansätze kennzeichnen die Mädchenarbeit in der offenen Jugendarbeit:

- Durch systematische Bestandsaufnahmen werden Rahmenbedingungen, Strukturen, Konzepte und pädagogisches Handeln in der Jugendarbeit auf ihre benachteiligenden Aspekte für Mädchen untersucht und der Handlungsbedarf für die Mädchenarbeit bestimmt.
- Durch Reflexion des Geschlechtsrollenverhaltens von Fachkräften werden das Wissen, die Wahrnehmung und die Handlungskompetenz für "Mädchenfragen" insgesamt erhöht, die pädagogische Aufmerksamkeit für Mädchen verstärkt, patriarchalische Strukturen erkannt und die (Mit-)täterschaft aller reflektiert und problematisiert.
- In Gesprächskreisen und themenbezogenen Projekten wird Mädchen der Zu-

sammenhang zwischen "Sein und Mädchen-Sein" verdeutlicht, um sie für Geschlechtsrollenzwänge, für Sexismus und Machtfragen zwischen den Geschlechtern zu sensibilisieren.

- Durch spezielle Freizeitangebote werden Lernfelder zur Überwindung von Geschlechtsrollenstereotypen angeboten (z.B. Mädchen-Billard und -Tischtennisturniere) und Raum zur Verfügung gestellt, der durch Akzeptanz gekennzeichnet ist (Mädchencafe, Mädchenfeste etc.).
- Durch Beratung einzelner Mädchen in vielen lebenspraktischen Fragen wird der Parzellierung von Freizeit, Beruf, Familie etc. in je spezifischen Unterstützungsangeboten entgegengewirkt und ein ganzheitlich pädagogisches Verständnis umgesetzt.
- Durch architektonische und gestalterische Veränderungen werden "Nadelöhre, Laufstege und Präsentierteller" für Mädchen beseitigt sowie Raum und Betätigungsfelder in koedukativ geführten Einrichtungen geschaffen (z.B. Mädchenräume) (vgl. Ministerium für Arbeit, Gesundheit und Soziales des Landes NW 1985).
- Mit Mädchentreffs wird den Mädchen die Möglichkeit gegeben, um Freizeitgestaltung und Beratungsmöglichkeiten nachsuchen zu können, ohne sich gleichzeitig auf eine Auseinandersetzung mit patriarchalischen Strukturen einlassen zu müssen.

Verschiedene Arbeitshandreichungen geben inzwischen zahlreiche Anregungen für die konkrete sexualpädagogische Arbeit mit Mädchen und z.T. auch mit Jungen in der Jugendarbeit (vgl. Sielert/Marburger 1990, Klees/Marburger/Schumacher 1989, Christiansen/Linde/Wendel 1990). Exemplarisch soll im folgenden ein Beispiel angeführt werden:

"Themenbereich Körperbewußtsein"

Erkenne, spüre dich selbst

- Phantasiereise durch den eigenen Körper von den Zehen bis zum Kopf
- Aufmalen der Körperumrisse auf große Papierbögen. Gefühle als Farben/-Worte/Symbole in den Körperumriß einzeichnen

Selbstbefriedigung

- In reinen Mädchen- bzw. Jungengruppen reden über Selbstbefriedigung: eigene Praxis, Schuldgefühle, Selbstbefriedigung auch in/neben einer sexuellen Beziehung?

- Gemeinsames Lesen eines Textes über Selbstbefriedigung aus einem guten Aufklärungsbuch, Geschichten von Jugendlichen lesen, selbst Geschichten über Selbstbefriedigung, Erlebtes und Erdachtes schreiben

Erkenne, spüre andere Körper

- Wer bist du? Teilnehmer sitzen im Kreis. Einer hat die Augen verbunden, setzt sich einem anderen auf den Schoß und versucht durch Tasten zu erraten, wen er vor sich hat.
- Partner kommunizieren schweigend mit den Händen und prägen sich die Hände des jeweiligen Partners/der Partnerin ein. Dann gehen alle mit geschlossenen Augen im Raum umher und versuchen, die Hände wiederzuerkennen, die sie zuvor in der Partnerübung gefühlt haben.
- Für Mädchen: gegenseitig Gipsabdrücke von den Brüsten machen

Kennenlernen der Geschlechtsorgane

In kleinen Gruppen werden Zeichnungen angefertigt: Querschnitte vom männlichen bzw. weiblichen Körper. Folgende Körperteile sollen dabei vorkommen:

- Penis, Hodensack, Samenleiter, Prostata, Urinblase, Urinleiter
- Vagina, Gebärmutter, -mund, Eierstöcke, Eileiter, Klitoris, Urinblase, Urinleiter, große und kleine Schamlippen

Anschließend werden die Zeichnungen mit einer korrekten Schautafel verglichen

Menstruation

Wörter für und Witze über die Menstruation sammeln

Auswertung:

- Welche wiederkehrenden Themen wurden bei den gefundenen Ausdrücken verwendet?
- Welche Ausdrücke sind unpassend, verbergend, abwertend?
- Wie sieht die Frauenrolle in den Witzen aus?
- Welche Gefühle lösen die Witze bei den Mädchen aus?" (Sielert/Marburger 1990, S. 64/65)

3. Mädchen, Sexualität und Heimerziehung

Tanja: Eine Lebensgeschichte

Tanja wurde 1968 in einer hessischen Großstadt geboren. Gleich nach ihrer Geburt brachte man sie in ein Säuglingsheim. Bis zur Einschulung wird sie noch fünf weiteren Unterbringungswechseln ausgesetzt: sie lebt einige Monate bei den Großeltern, dann bei verschiedenen Pflegefamilien, bis die leiblichen Eltern sie im Alter von sieben Jahren wieder zu sich nehmen.

Die Mutter scheint häufig krank gewesen zu sein, besonders litt sie unter chronischen Asthmaanfällen. Sie war gelernte Verkäuferin, übte ihren Beruf jedoch nicht aus. Es wurde vermutet, daß sie sich zeitweise prostituiert hat. Der Vater hatte eine handwerkliche Ausbildung: er galt als Alkoholiker und war seit 1979 arbeitslos. Die Eltern lebten von Arbeitslosenhilfe und ergänzender Sozialhilfe, wobei das meiste Geld vom Mann verbraucht wurde. Die Familie hatte häufig unter Geld- und Nahrungsmangel zu leiden. Die Wohnverhältnisse waren immer beengt, auch die zuletzt bewohnte Sozialwohnung war für drei Personen zu klein. Die Familie lebte sehr isoliert. Eine ältere Tochter von Tanjas Mutter lebt in einer anderen Stadt; zwei weitere vor Tanja geborene Kinder hatte Frau G. zur Adoption freigegeben.

Lediglich ein Vierteljahr lang besucht Tanja einen Kindergarten, danach eine Vorschulklasse. Später besucht sie eine Sonderschule für Lernbehinderte. 1976 wird auf Veranlassung eines Kindererholungsheimes eine kinderpsychiatrische Untersuchung veranlaßt. Zweimal muß sie die Schule wechseln, weil ihre Eltern umziehen. Mit 15 Jahren, zum Zeitpunkt der Beantragung der Freiwilligen Erziehungshilfe, hat sie die siebte Klasse erreicht.

Das Jugendamt hatte von Beginn an Kontakt zu Tanjas Familie:

"Tanja ist seit Geburt hier bekannt, sie wurde bereits als Kleinkind auffällig."

Ihre "Verhaltensauffälligkeiten" in den ersten Lebensjahren werden vom Kindergarten wie folgt geschildert:

"Im Alter von vier Jahren sprach Tanja kaum verständlich. Sie zerkleinerte sämtliches Spielzeug so, daß es nur noch zentimetergroß war. Sie onanierte stark und manipulierte auch sexuell bei anderen Kindern. Bei allen Bildern, die Tanja malte, spielte das männliche Glied eine große Rolle. Sie erzählte Geschichten, in denen viel von Blut die Rede war und zeigte sich fasziniert, wenn sie Blut sah. Tanjas Eßverhalten zu dieser Zeit war so, daß sie alles Eßbare in sich hineinschlang und nicht genug bekommen konnte. Sie ging häufig auf allen Vieren

und 'spielte' Tier. Sie zeigte stark aggressives Verhalten gegenüber ihren Bezugspersonen."

Bei der durchgeführten psychiatrischen Untersuchung wurden bei Tanja Symptome festgestellt, die als typisch gelten für hospitalisierte Kinder. Bemerkenswert erschien auch, daß der mit Tanja durchgeführte IQ-Test einen Wert erbrachte, der deutlich über dem Ergebnis eines früher durchgeführten Tests lag. Die vom Kindergarten betonten Auffälligkeiten werden hier als Versuche von Tanja verstanden, Beachtung und Zuwendung zu erzwingen.

Ein Schulbericht verweist auf Tanjas Leistungsschwächen und ihren nur mangelhaft entwickelten Ordnungssinn und registriert Verhaltensauffälligkeiten:

"Während des Unterrichts möchte Tanja sich oft mit anderen Dingen beschäftigen. Ihre Lieblingsspielzeuge sind Babyspielsachen. Wird sie nach der Herkunft der Dinge gefragt, erfindet sie phantasievolle Geschichten." Eine Lehrerin bemühte sich offensichtlich intensiv um Tanja, während eines Krankenhausaufenthaltes der Mutter wohnt Tanja bei dieser Lehrerin:

"Motivierend für ihr Verhalten waren Versprechen über gemeinsame Aktivitäten mit ihrer Freundin A. Allerdings fragte sie mich sehr oft, ob ich auch meine Versprechen halten werde?" Dieselbe Lehrerin veranlaßt die Kontaktaufnahme zu einer Erziehungsberatungsstelle, was zu einer über etwa drei Jahre laufenden Therapie für Tanja führt. Bei den diagnostischen Überlegungen wird die frühe Trennung Tanjas von der Mutter als zentrale Grundstörung hervorgehoben. Nach einigen Fortschritten in der Therapie "... schrumpfte der Behandlungserfolg nach und nach wieder zusammen. Zusehend konnte ich beobachten, wie die Deorganisation ihrer Außenwelt ... sich auf Tanjas psychisches Befinden auswirkte. Die aggressiven Triebäußerungen nahmen von da an wieder zu. Schließlich wendete sie sie auch wieder gegen ihre eigene Person." Diese Therapie wurde von Tanja abgebrochen, nachdem sie erfuhr, daß der Therapeut ihren Wohnort verlassen würde.

Im Antrag auf Freiwillige Erziehungshilfe, der ihrer Heimeinweisung vorangeht, werden ihre Auffälligkeiten noch einmal zusammengefaßt: Tanja sei sehr ungeduldig und oft aggressiv, aufgrund ihrer Störung falle es ihr schwer, zu anderen Kindern Kontakt aufzunehmen. Sie streune viel herum, ihre Körper- und Kleiderpflege sei mangelhaft. Ihr großes Interesse an allem, was mit Babys zu tun hat, wird noch einmal herausgestellt.

"In der Familie wird sie als 'das gestörte Kind' behandelt. Herr G. stellt seine Tochter im Gespräch als dumm, frech und unselbständig dar. Er möchte nichts mehr von ihr wissen." Die Eltern gaben weiter an, " ... daß sie teilweise sehr streng mit ihr sein mußten, was wiederum von ihr unterlaufen wurde. Herr G.

würde sich im nüchternen Zustand überhaupt nicht um Tanja kümmern und wenn er betrunken sei, würde er sehr aggressiv auf sie reagieren."

Nach zwei Wochen Heimaufenthalt erfährt Tanja vom plötzlichen Tod ihrer Mutter. Sie wird nun noch aggressiver und zieht sich noch mehr in ihre Phantasiewelt zurück. Sie benutzt eine eigene Geheimschrift, in der sie verschlüsselte Briefe und Geschichten schreibt. Im Heim entsteht der Verdacht auf eine beginnende Psychose, die daraufhin eingeleitete psychiatrische Untersuchung bestätigt diese Vermutung jedoch nicht:

"Das Mädchen ist lernbehindert ... die auffallenden Defizite im soziokulturellen Bereich weisen auf eine bisher nicht adäquate Förderung des Mädchens hin, das in ungünstigen häuslichen Verhältnissen aufgewachsen ist ... Aufgrund eigener Beobachtungen und Explorationen kann ich aber sagen, daß sich bei Tanja auch heute noch kein sicherer Anhalt für das Vorliegen einer juvenilen Psychose finden läßt. Ihre Weglauftendenzen und Phantasiegeschichten erscheinen verständlich auf dem Hintergrund einer Flucht aus der für Tanja bedrohlich erscheinenden Umwelt mit ihren Anforderungen, denen das Mädchen aufgrund von Lern- und Wissenserfahrungsdefiziten hilflos ausgeliefert ist und die auf die Umgebung uneinfühlbar wirken ... Es findet sich bei Tanja eine extreme Diskrepanz zwischen der anlagebedingten Intelligenz und der lebenspraktischen Entwicklung ..."

"Ihre langjährige frühere psychotherapeutische Behandlung erbrachte wohl deshalb nicht den gewünschten Erfolg, da gleichzeitig keine befriedigende Zusammenarbeit mit der Familie zustande kam."

Nachdem Tanja auch ihrem Klassenlehrer in der Schule nicht mehr tragbar erschien, wurde sie vom weiteren Schulbesuch beurlaubt. Nun wird eine heilpädagogische Einzelbetreuung realisiert.

Eine Mitarbeiterin des Heimes stellt neben den bis dahin schon bekannten Auffälligkeiten fest, "... daß Tanja irgendein Geheimnis mit sich herumträgt, das sie sehr belastet und welches sie auf keinen Fall preisgeben würde."

Die zuständige Sozialarbeiterin nimmt an, "daß es sich um evtl. Inzestgeschichten mit dem Vater handelt. Frau G. hat ja immer wieder darauf gedrängt, daß Tanja nie allein mit dem Vater in der Wohnung verbleibt."

In diesen Kontext gehört die Entdeckung, daß Tanja Kontakt zu einem älteren Mann in X. unterhält, der wegen sexuellen Mißbrauchs von Kindern einschlägig gerichtsbekannt ist. Vermutet wird seit längerem, daß sich Tanja prostituiert, sie halte sich häufig in der Nähe eines Ausländerwohnheimes auf und habe entsprechende Männerbekanntschaften.

Eine Einzelbetreuung scheint für Tanja eine Stabilisierung zu bewirken. Sie thematisiert nun traumatische Ereignisse aus der Kindheit, die von hoher Brisanz sind. Sie erinnert sich an Ereignisse bei verschiedenen Pflegestellen, sie spricht auch über ihren Vater und gibt Hinweise auf mögliche sexuelle Annäherungen durch ihn.

Die Einzelbetreuerin besucht mit Tanja die Stätten ihrer Kindheit, sie suchen Pflegeeltern auf und tauschen Erinnerungen aus.

Wegen fehlender beruflicher Möglichkeiten für Tanja im Umfeld des Heimes wird erwogen, daß sie das Heim wechselt, um dort individuell beruflich gefördert zu werden. Dabei soll die therapeutische Einzelbetreuung weiter durch die gleiche Person gewährleistet bleiben.

Tanja ist mit großer Wahrscheinlichkeit schon als Kleinkind sexuell mißbraucht worden. Der Originalbericht des Kindergartens liegt leider nicht vor, die sexualisierten Spiele, häufigen Penisdarstellungen und dergleichen lösten immerhin so viel Befremden aus, daß sie besonders vermerkt wurden. Als deutlichen Hinweis auf einen sexuellen Mißbrauch wurden sie gleichwohl nicht verstanden. Auch bei der psychiatrischen Untersuchung im Jahr 1975 scheinen sich Fragen in dieser Richtung nicht gestellt zu haben. Die frühe Trennung von der Mutter wird als primäre Ursache für alle Auffälligkeiten und Störungen gewertet. Auch den verschiedenen Einlassungen des Jugendamtes ist bis zu Tanjas Heimunterbringung keine Problematisierung in dieser Richtung zu entnehmen. Dabei hatte Tanjas Mutter mit ihrer Warnung, Tanja nicht mit ihrem Vater alleine zu lassen, ein deutliches Signal gesetzt. Bis zu ihrer Heimeinweisung hatte Tanja in geradezu beispielhafter Form all jene Merkmale aufzuweisen, die in der Regel auf einen sexuellen Mißbrauch schließen lassen: geringes Selbstwertgefühl, Autoaggressionen, Abspaltung von Gefühlen, Rückzug in Phantasiewelten, objekthaftes Ich-Verhältnis, durch Warencharakter und Sexualisierung geprägte Beziehungsmuster und vor allem die bereits erwähnten frühkindlichen Auffälligkeiten.

Offensichtlich ist auch dem – männlichen – Therapeuten kein Gedanke in dieser Richtung gekommen. Sein Bericht ist geprägt durch psychoanalytisches Vokabular:

" ... entwickelte eine außerordentlich starke Übertragungsbeziehung ... Begab sich in eine tiefe Regression während ihre Art, Beziehung aufzunehmen, sehr lange durch den fast ausschließlichen Modus der sadistischen Beherrschung gekennzeichnet war, trat nach etwa zwei Jahren allmählich die Angst auf, daß sie das Objekt zerstören könnte. Zunehmend schien sie sich – im Gegensatz zum Beginn der Behandlung, wo sie viel eher ein Junge sein wollte – in Richtung weiblicher Identitätsfindung zu entwickeln."

Die Tabuisierung des sexuellen Mißbrauchs von Mädchen in Familien auch durch professionelle Helfer wird in diesem Fall sehr deutlich. Aktenkundig und sogleich Gegenstand therapeutischer Bearbeitung wird der Mißbrauch erst, als sich Tanja im Heim befindet. Die Schwierigkeiten bei der Wahrnehmung und Benennung dessen, was geschehen war, zeigen sich auch dort noch.

"... Im Mittelpunkt fast aller sexualtheoretischen Ausführungen seit dem Hexenhammer (...) steht implizit, zumeist sogar mit deutlicher Betonung, die Behauptung, daß die Gefahr, die vom Weibe ausgeht, und die einzige Macht, die es faktisch ausüben könne, in seiner destruktiven Sexualität liege" (Bovenschen 1979, S. 269f).

So sind auch Problemsicht und Handlungsorientierungen der Jugendhilfe in der Heimerziehung nach wie vor geprägt von psychologisch-pädagogischen Erklärungsmustern; dem sog. Verwahrlosungsmodell. Dabei unterscheidet die Jugendhilfe zwischen weiblicher und männlicher Verwahrlosung. So ist es ein Erfahrungswert, daß bei männlichen Jugendlichen "Verwahrlosung" häufiger über massive Verletzungen von Rechtsnormen (Aggressivität, Kriminalität) bestimmt wird, während es bei Mädchen eher eine Bewertung ihres "sittlichen" Verhaltens ist. Mädchen wird eine mangelnde sexuelle Triebkontrolle unterstellt.

Häberlin beschreibt in einem Aufsatz über erziehungsschwierige, schulentlassene Mädchen Kriterien der "weiblichen Verwahrlosung". "Die auffälligsten und häufigsten Erscheinungsformen abweichenden Verhaltens bei weiblichen Jugendlichen sind vor allem: Vorherrschen des Lustprinzips, Triebbestimmtheit und Triebmaßlosigkeit, Unordentlichkeit, Unpünktlichkeit, Schule schwänzen und Arbeitsscheu. Ich-Bezogenheit, Geltungssucht, mangelnder Gemeinschaftssinn, Ungehemmtheit, Enthemmtheit, Bindungslosigkeit, fehlendes Gewissen und Fehlen von eigenen Idealen, Trotz, Lügen, Stehlen, frühes Interesse an sexuellen Dingen. Mangelndes Ehrgefühl, Mißtrauen, Aggressivität, Gefühlsarmut, Distanzlosigkeit, innere Leere, Labilität, Haltschwäche, geringes Pflichtbewußtsein, keine, unklare oder illusionäre Berufs- und Lebensplanung" (Häberlin 1968, S. 334, zit. nach Reinke 1979, S. 20).

Für ihre Untersuchung "Adolescent Girls in Conflict" (1966) interviewte Konopka Mädchen in Fürsorgeheimen, die auch häufig weggelaufen waren. Sie kommt zu dem Ergebnis, daß Gefühle der Einsamkeit, der Abhängigkeit und die soziale Situation Gründe für Mädchendelinquenz sind. Konopka betrachtet dies jedoch nicht als Wiederspiegelung der objektiven Lage der Mädchen, sondern vor dem Hintergrund der "natürlichen" psychischen Unterschiede der Geschlechter, die sich in deren Dichotomie männlich=instrumental, weiblich=expressiv zeigt. Drake kritisiert von daher zu Recht: "Die Gründe weiblicher Delinquenz sind demnach eher persönliche Frustrations- und Insuffizienzgefühle über blockierte Zugangsmöglichkeiten zur weiblichen Rolle. Da diese Rolle jedoch in besonderem Maße sexuell bestimmt ist, landet Konopka am Ende wieder bei der Feststellung, daß die untersuchten Mädchen vor allem unter sexuellen Problemen leiden. Aber welche heranwachsenden Jugendlichen hätten diese Schwierigkeiten nicht? Indes: Mädchen landen dafür im Heim, Jungen nicht" (Drake 1980, S. 10).

VertreterInnen psychoanalytischer Theorien (vgl. hierzu u.a. Blos 1963; Konopka 1966; Specht 1967; Schwarzmann 1971; Steinvorth 1973) gehen davon aus, daß bei bestimmten familiären Beziehungskonstellationen eine adäquate Verarbeitung der ödipalen Phase und damit der Geschlechtsrollenidentifikation behindert wird, "... so daß in der Pubertätsphase die sexuell-ödipalen Konflikte unmittelbar wieder aufleben, die dann unter Umständen zu Sexualdelinquenz und besonders zu sexuellen Beziehungen mit dem Stiefvater führen mögen, (...) weil, wie Specht interpretiert, die Inzestschranke bereits wirksam dem leiblichen Vater gegenüber aufgerichtet worden ist" (Gravenhorst 1970, S. 95).

Unbewältigte sexuell-ödipale Konflikte führen nach Ansicht des Psychoanalytikers Blos zu verschiedenen "Vergehen" wie u.a. dem Weglaufen. "Die Vergehen der Mädchen beschränken sich auf sexuelles Agieren, auf Weglaufen und Stehlen im Sinne der Kleptomanie (...). Jeder Therapeut, der sich selbst beobachtet, wird sich seiner emotionalen Irritation bewußt, wenn er versucht, sich in die Mädchen hineinzuversetzen angesichts ihres verführerischen, sprunghaften, wankelmütigen, unernsten, rachsüchtigen und kaprizösen Verhaltens" (Blos 1963, S. 651, zit. nach Reinke 1979).

Das dialektische Zusammenspiel von "Sexualisierung" (Prinzip der Hure) und "Entsexualisierung" (Prinzip der Madonna) als historische Grundlage einer Theorie der Weiblichkeit von Sigmund Freud wurde durch die feministische Diskussion weitestgehend problematisiert (vgl. Firestone 1975; Rush 1982; differenziert dazu Hagemann-White 1979). Sowohl die "Verführungstheorie" als auch die "Ödipustheorie" Freuds haben wesentlich dazu beigetragen, die strukturell bedingten, auf patriarchalischen Verhältnissen basierenden Störungen sexueller Entwicklungen von Mädchen und Frauen zu verschleiern zugunsten einer individualistischen, schuldzuschreibenden Theorie. Die auf den Kopf gestellten historischen Tatsachen (vgl. hierzu besonders Rush 1982, S. 137ff.) von "den verführenden und verführt werden wollenden" Mädchen, bestimmen (leider) noch immer die Problemdefinition durch Alltagstheorien und leisten einer Stigmatisierung von Mädchen Vorschub.

Insbesondere medizinisch-psychiatrische und auch psychologisch-pädagogische Theorien zur Erklärung "abweichenden" Verhaltens rekurrieren auf biologische und psychologische Geschlechtsunterschiede, wobei ungeachtet sozialer Merkmale, das Verhalten von Mädchen in Verbindung gebracht wird mit ihrer Sexualität. Die gesellschaftlichen Erwartungen an bzw. die inhärenten Widersprüche in der sexuellen Entwicklung von Mädchen bleiben unbeachtet, indes: Jede Rollenübertretung ist zu verstehen als Ausdruck individuell gestörter Sexualität.

Auch noch eine im Jahre 1988 durchgeführte quantitative und qualitative Aktenanalyse von Mädchen in öffentlicher Erziehung zeigt, daß das sexuelle Verhalten von Mädchen bei 13,4% der Untersuchungsgruppe mit "sexuell auffällig" bzw. "geht der Prostitution nach" beschrieben wird und häufiger Inhalt von Aktennotizen ist (vgl. Institut für soziale Arbeit e.V./Landeswohlfahrtsverband Hessen 1989, S. 88ff.).

Die überwiegenden Anmerkungen weisen eine ambivalente Haltung gegenüber dem Verhalten der Mädchen aus. Einerseits werden sie von den Fachkräften als Opfer betrachtet, andererseits wird ihnen für ihre Situation z.T. selbst die Schuld zugeschrieben.

"Durch gezielte Gespräche, Kontrollen und Einschränkungen gelingt es zwar, Freundschaften zu Jungen zu steuern, jedoch liegt der Verdacht nahe, daß die Frage der Sexualität bei diesen Freundschaften mitunter eine tragende Rolle spielt und von der Jugendlichen verwechselt wird mit der Frage einer Bindungsaufnahme." "Mehrfach ist sie aus Heimen, in denen sie im Rahmen von FEH untergebracht war, entwichen und hat sich dann jeweils tagelang umhergetrieben, wobei es auch zum Geschlechtsverkehr mit ihr offenbar nur flüchtig bekannten Männern gekommen sein soll." "Zur Aufwertung des stark angegriffenen Selbstwertgefühls sucht sie Anerkennung außerhalb der Familie. Hier pflegt sie Kontakte zu verschiedenen Bundeswehrsoldaten. Die Selbstbestätigung der Jugendlichen dürfte hauptsächlich im sexuellen Bereich liegen." "C. ist extrem stark von ihren sexuellen Wünschen beherrscht. Sie möchte sie möglichst kurzfristig befriedigen und konstruiert um den jeweiligen Wunsch eine 'Liebesgeschichte'." "(...) zeigt sie sich den Jungen gegenüber aufdringlich und ordinär. Sie faßt ihnen an die Geschlechtsteile und sucht durch Schlägereien mit ihnen die ständige Berührung. Über die älteren Mädchen des Hauses, die zum größten Teil feste Beziehungen haben, äußert sie sich in schmutzigster Weise. A. hat auf diesem Gebiet eine rege, sogar schon perverse Phantasie." "Ihr Festhalten an dem Kontakt zu B. (19jähriger Freund) beruht möglicherweise darauf, daß sie mit ihm zum ersten Mal Geschlechtsverkehr hatte." "Vor einigen Wochen sei G. spurlos verschwunden gewesen. Die Eltern fanden ihre Tochter zusammen mit einem

Türken im Bett. Die Gefährdung auf sexuellem Gebiet soll von einem Psychiater bereits vor Jahren bestätigt worden sein mit dem Hinweis, sich auf zunehmende 'Ausbrüche' einstellen zu müssen."

Viele dieser Aktennotizen enthalten eine Reduktion der Problemperspektive ("Sexualisierung abweichenden Verhaltens"). Selten sind erklärende Beschreibungen, die eine Überwindung dieser individuellen Sichtweise und Zuschreibung beinhalten.

"Auf der Suche nach Bestätigung, Anerkennung und Sicherheit und mit anderen diffusen Erwartungen wechselt G. die Männer, in der Hoffnung, das zu finden, was sie sucht. Aufgrund ihres 'schlechten Rufs' hat sie oft mit Männern zu tun, die sie als Objekt sehen, was dazu führt, daß sie enttäuscht wird und weiter sucht."

Beim "sexuellen Mißbrauch" stehen eher Andeutungen und Verdachtsmomente als klare Aussagen in den Akten.

"Längere Zeit konnte man beobachten, daß P. Probleme im sexuellen Bereich hatte. Sie erzählte manchmal von Erlebnissen mit Jungen, welche sie nach ihren Aussagen betastet (im Intimbereich) oder in einem einmaligen Fall sogar vergewaltigt hatten. P. erzählte, daß es sich bei diesem Jungen um ihren Bruder handelte." "Unglaubwürdige und phantasievolle Schilderungen von zu Hause. (...) Laut M.'s Aussagen ist sie in der Wohnung der Mutter von einem Amerikaner vergewaltigt worden. Nachdem sie das der Mutter erzählt hatte, habe sie lediglich geäußert: 'Das kann jedem mal passieren'." "So konnte sie es nicht aushalten, daß mit ihr ein Problem von vielen Seiten beleuchtet und diskutiert wurde. Dieses 'Nichtaushalten' gipfelte in frechen Worten, die Pflegeschwester wurde in der Schule beschimpft, (...) es ging sogar so weit, daß sie den Pflegevater unsittlicher Handlungswünsche bezichtigte." "In den Osterferien hat M. der Schwester ihrer Mutter erzählt, daß der Vater mit ihr seit Jahren sexuelle Spielereien vorgenommen hat." Weiter folgt kein Hinweis, später heißt es dann: "Das zur Zeit gravierendste Problem ist M's Labilität im sexuellen Bereich. Sie geht, wenn sie unbeaufsichtigt ist, mit jungen Leuten in das nahegelegene Feld."

Einige wenige Aktennotizen enhalten auch Hinweise auf Symptome, die häufig mit sexuellem Mißbrauch einhergehen. Diese werden jedoch nicht als solche interpretiert, sondern stehen oft unvermittelt neben Beschreibungen zum sexuellen Verhalten.

"Im Alter von ca. 10 Jahren sei G. dadurch aufgefallen, daß sie Nachbarjungen ihre Brüste gezeigt habe. Weiterhin habe sie ihren damals 5jährigen Bruder mehrfach am Penis gezogen. Zur gleichen Zeit war eine Freßsucht bei G. bemerkt worden." Klare Analysen von Vorgängen sind selten und pädagogische

Handlungen unzulänglich. Eher wird auf Ärzte und Polizei zurückgegriffen.

"Dann berichtete S. nach Aufforderung durch die Mutter davon, daß sie wieder bei dem amtsbekannten Herrn X. gewesen sei. Sie habe dort einen Hund spazierenführen sollen und war deshalb, um das Tier dort abzuholen, mit in die Wohnung gegangen. Herr X. habe sie dann aufgefordert, ihm ihr 'Fötzchen' zu zeigen. Sie habe sich dagegen gewehrt und hätte ihm gesagt, sie sei doch keine 'Nutte'. Trotzdem habe Herr X. nicht 'lockergelassen' und sie fortwährend dazu aufgefordert. Schließlich habe er ihr die Hose geöffnet und an ihr 'herumgefummelt'. Außerdem, so S., habe er sich dann auch selbst entblößt. Ebenso habe er ihr gesagt, daß er sie gerne einmal 'ablecken' wolle. Nachdem Herr X. sie längere Zeit so belästigt habe, sei sie dann 'abgehauen'. Vorher hätte er sie auch noch aufgefordert, sich 5 DM von ihm abzuholen dafür, daß sie den Hund spazierenführe. Schon einmal soll sich nach S.'s Angaben Herr X. in dieser Weise genähert haben. (...) Noch einmal wiesen wir S. ausdrücklich darauf hin, nicht mehr zu Herrn X. zu gehen. Auch M. gab an, daß er hin und wieder zu Herrn X. geht. Auch er wurde aufgefordert, solche Besuche nicht wieder durchzuführen. Mit Frau B. wurde besprochen, daß sie auf jeden Fall bei der Polizei eine entsprechende Anzeige gegen Herrn X. machen solle. Desgleichen forderten wir sie auf, mit ihrer Tochter einen Arzt aufzusuchen, um festzustellen, ob S. in irgendeiner Weise durch die Handlungen des Herrn X. in Mitleidenschaft gezogen worden ist." "Inzwischen wurde bekannt, daß Herr S., Stiefvater der M., am Abend des ... versucht hat, M. zu vergewaltigen. M. gab dazu an, daß sie mit ihrem Stiefvater alleine zu Hause gewesen sei, er habe sie angefaßt und mehrmals versucht, zu küssen. Sie habe sich dagegen gewehrt. Herr S. sei aber immer wieder zu ihr gekommen. Er habe sie schließlich mit Gewalt festgehalten, sie am Geschlechtsteil und an der Brust berührt und sie zum Geschlechtsverkehr aufgefordert. Ihr gelang es schließlich, aus der Wohnung zu flüchten. Nach Angaben von M. hat Herr S. dies bereits öfters versucht. (...)

Nach einigen Tagen kehrte M. wieder zur Mutter zurück, nachdem ihr bekannt war, daß sich ihr Stiefvater für mehrere Wochen im Ausland hinsichtlich eines Arbeitseinsatzes aufhält. Unsererseits wurde inzwischen Mitteilung an die Kriminalpolizei in M. gegeben. (...)

Mit M. wurde eingehend ihre weitere Perspektive besprochen. Zur Zeit sieht es so aus, daß sie auf keinen Fall bei ihrer Mutter und dem Stiefvater bleiben möchte, da sie Angst vor weiteren Vergehen von Herrn S. hat."

"In den Osterferien hat M. der Schwester ihrer Mutter erzählt, daß der Vater mit ihr seit Januar 19.. sexuelle Spielereien vorgenommen hat. Aus diesem Grund wurde M. im Einvernehmen mit ihren Eltern am ... im ... untergebracht. Die plötzliche Herausnahme aus der Familie und die massive Ablehnung, die der Vater nunmehr M. entgegenbrachte, führten zu einer für M. nicht mehr zu verkraftenden Situation. Da sie mit Entweichen reagierte und das Kinderheim sich mit der Betreuung von M. überfordert sah, wurde sie am ... in das Jugendpsychiatrische Krankenhaus überwiesen."

"Bei A. bestehen erhebliche Tendenzen, sexuell zu verwahrlosen und kriminell zu werden. Dies beruht wahrscheinlich auf einer milieureaktiven, neurotischen Fehlentwicklung, die dringend psychotherapeutisch zu behandeln ist. Da A. bei noch fehlender Krankheitseinsicht sich einer solchen Behandlung durch Entweichen entziehen würde, ist es ratsam, sie zumindest erst einmal mehrere Wochen lang auf einer geschlossenen Station zu behandeln".

Aus dem Beschluß des Amtsgerichts:

"Nach ihren Äußerungen (...), ihrem Gehabe und nach Berichten des Stationsarztes scheinen ihre Gedanken stark von sexuellen Dingen behaftet zu sein."

Auch die Unterbringung von Mädchen in psychiatrischen Einrichtungen verweist auf die für Mädchen wenig hilfreiche Problemsicht der Jugendhilfe und eine fachliche Überforderung in bezug auf die sexuelle Entwicklung und die sexuelle Situation von Mädchen.

Beispiel: Für das Mädchen A. wurden von den Eltern zwei Psychiatrieunterbringungen veranlaßt (je 1 bzw. 7 Monate). Als Einweisungsgründe wurden Selbstgefährdung, sexuelle Auffälligkeit, sexuelle Verwahrlosung und Weglaufen von zu Hause benannt. Die Psychiatrie diagnostizierte u.a. eine ausgeprägte "Verwahrlosungssymptomatik" und eine "neurotische Depression" und brachte A. geschlossen unter. Während dieser Zeit konnte sie mehrmals "entweichen", außerdem unternahm sie einen Selbstmordversuch. Dennoch berichtet die Psychiatrie von Erfolgen in der Behandlung: "Sie äußerte vor kurzem, sie wolle bis zu ihrem 18. Lebensjahr auf der geschlossenen Station verbleiben, da sie hier endlich die Ruhe fände, ihren schulischen Aufgaben nachzugehen, ohne ihre frühere ständige Unruhe, die sie selbst damit erklärt, daß sie sich auf nichts mehr habe konzentrieren können, da sie immer befürchtete, sie versäume dann etwas Wesentliches, weshalb sie einen so unsteten und reizoffenen Lebenswandel geführt habe. Auch jetzt könne sie sich noch nicht von innen heraus steuern und sei froh über die geschlossenen Türen, die auch Ablenkung und Zerstreuung von ihr fernhielten." So empfahl die Jugendpsychiatrie der Jugendhilfe eine langfristig geschlossenen Unterbringung, "da die Jugendliche bei offener Führung nicht in der Lage sei, eine stabile emotionale Beziehung aufzubauen."

A. wurde 1984 nach Gewährung der FEH in einem offenen Kinder- und Jugendwohnheim untergebracht. Sie begann eine Berufsausbildung und fiel lediglich durch ein Eigentumsdelikt auf. Die Aktenlage gibt keinen Anlaß zu der Annahme, daß dieser Erfolg auf die Psychiatrieunterbringung zurückzuführen ist. Auch dieser Einzelfall zeigt, daß Jugendhilfe und Psychiatrie oft eher unvermittelt nebeneinanderstehen. Der Verdacht drängt sich auf, daß Jugendhilfe aufgrund eigener Überforderung situativ auf die Psychiatrie zurückgreift, sich durch die Diagnosestellung des Ausmaßes der Verhaltensstörungen von Mädchen vergewissert, um dann jedoch nach Kenntnisnahme der medizinisch-psychiatrischen Problembeschreibungen ihrer eigenen Fachlichkeit wieder bewußt wird, die Verantwortlichkeit aufnimmt. Die These ist nicht empirisch gesichert, aber plausibel.

Die Fokussierung von Mädchen als Sexualwesen ist kein Zufall individueller Lebensgeschichte, sondern spiegelt die objektive Lage besonders von Mädchen aus unterpriviligierten und patriarchalisch normierten Familien bzw. Schichten. Erkenntnisse der Frauenforschung verweisen auf die Folgen der gesellschaftlichen Triebregelung, die mit dem Prozess der Zivilisation und der Aufklärung durch die Triebunterdrückung von Frauen und die Triebspaltung bei Männern von jeher Zündstoff bereithält. Lag dieser Zündstoff für Frauen früher in der Übertretung des normativen Verbots vor- und außerehelicher Sexualität, so ist heute gerade die Liberalisierung der Sexualmoral für Mädchen und Frauen doppelbödig. Vermeintliche Selbstbestimmung und neue Fremdbestimmung lassen einen diffus offenen Handlungsraum mit mehrschichtigen moralischen und normativen Standards entstehen (vgl. auch Beck-Gernsheim 1983). Dem dialektischen Zusammenspiel von sexualisierten und entsexualisierten Weiblichkeitsbildern bleiben Mädchen und Frauen durch die gesellschaftlich normierte Bewertung verhaftet.

Die für die patriarchalisch organisierte Gesellschaft des christlichen Abendlandes funktionale Triebregelung, die dem männlichen Geschlecht unter dem Primat der Triebsublimation die Triebauslebung grundsätzlich auch außerhalb der Ehe gestattete, zeitigt die Folge dieser Doppelmoral bis heute auch in der Jugendhilfe. Die "sexuelle Verwahrlosung" der Mädchen findet kein männliches Pendant.

Dabei kann das Verhalten der Mädchen durchaus als Logik ihrer Lebensgeschichten verstanden werden. Eingeschränkte Sozialisationsbedingungen und Zukunftschancen bergen gerade in der Entwicklung von "Weiblichkeit" die letztlich verbleibende Chance auf eine sozial akzeptierte Identität (vgl. Wolffersdorff-Ehlert u.a. 1987). Auch andere Studien konstatieren, daß Jugendhilfe in ihrem Bemühen von Normalität mangels anderer Möglichkeiten gerade bei Mädchen, aber auch bei Jungen, auf traditionelle Geschlechtsrollen zurückgreift.

Individualisierung der Problemlagen von Mädchen bei gleichzeitiger Anwendung des familienbezogenen Defizitmodells, Pathologisierung durch Rückgriff auf psychiatrische Einrichtungen und Stigmatisierung durch Sexualisierung und Fokussierung bei weitgehendem Verzicht auf sozialstrukturelle und konflikttheoretische Deutungsmuster kennzeichnen eine verkürzte Sichtweise in Theorie und Praxis von Jugendhilfe. Damit trägt Jugendhilfe selbst zur Verdoppelung der Diskriminierung von Mädchen bei. Dies ist nicht zuletzt ihrem - zumindest für den Bereich der Erziehungshilfen - strukturellen Widerspruch von "Hilfe und Kontrolle", ihrer grundsätzlichen "Verspätung" und ihrer Orientierung an "Auffälligkeiten" geschuldet. Diese Mängel des Systems treffen insbesondere Mädchen, denn ihre der Mädchenrolle inhärenten Probleme werden weitgehend noch verkannt und ihren "Auffälligkeiten" hat Jugendhilfe die Anpassung an eine "Normalität" anzubieten, die per se Diskriminierung beinhaltet. Insofern ist die häufig in Fachkreisen angetroffene Meinung, daß Mädchen schwieriger (als Jungen) seien, eben genau der falsche Blick auf eine Realität, die eine zukunftsoptimistische Erziehung von Mädchen de facto schwieriger als die von Jungen macht. Bei Jungen ist das erhoffte Erziehungsziel häufig schon dann erreicht, wenn Eigentumsdelikte unterbleiben, eine Orientierung auf Ausbildung und Beruf vorhanden ist und damit gesellschaftlich akzeptierte männliche Geschlechtsrollen adaptiert werden. Was aber nützt den Mädchen, von denen in diesem Bericht die Rede ist, eine Anpassung an gesellschaftlich akzeptierte weibliche Geschlechtsrollen? Abhängigkeit in vielerlei Hinsicht und weitere Anpassungszwänge sind der Preis. Widerstandsfähigkeit gegen geschlechtsspezifische Ungleichheit, Selbstbestimmung und Würde als Zeichen von Emanzipation rücken damit in weite Ferne.

4. Hilfe für Mädchen in Not: Mädchenhäuser

Zu Beginn der 80er Jahre wurde begonnen, die fachliche Diskussion um erforderliche Angebote vor dem Hintergrund der spezifischen Notlagen von Mädchen zu führen. Dies ist wesentlich zurückzuführen auf die größere Sensibilisierung für den sexuellen Mißbrauch an Mädchen und der für dieses Problem als unzulänglich erkannten Praxis der Jugendhilfe (vgl. Kavemann/Lohstöter 1985). Das Ausmaß an Familienkonflikten wurde jedoch auch ersichtlich in der freizeitbezogenen Mädchenarbeit in Jugendzentren, Mädchentreffs sowie in Beratungsangeboten und offenbarte damit einen erheblichen Bedarf an Krisenintervention.

Argumentationen und Aktivitäten für die Notwendigkeit eines solchen mädchenspezifischen Angebotes kamen darüber hinaus aus der Bewegung "Gewalt gegen Frauen". Finanzielle, personelle und rechtliche Rahmenbedingungen der Frauenhäuser waren grundlegend dafür, daß sich die Arbeit i.d.R. auf volljährige Frauen konzentrieren mußte. Die Not der Mädchen wurde jedoch in der Arbeit mit den Müttern zunehmend zu einem drängenden Problem (vgl. Klose/Seidel 1987, S. 27).

Infolge dieser Diskussion ist eine Entwicklung zu verzeichnen, spezielle Kriseninterventionsangebote für Mädchen anzubieten, die in Anlehnung an die Frauenhäuser häufig als *Mädchenhäuser* bezeichnet werden. Realisiert bzw. geplant sind Mädchenhäuser bisher in Hamburg, Berlin, München, Frankfurt, Stuttgart und Bielefeld.

Zentrales Anliegen aller Mädchenhäuser ist es, minderjährigen Frauen Schutz vor Gewalt anbieten zu können. In den Konzeptionen werden insbesondere sexueller Mißbrauch, Mißhandlung sowie psychische und physische Bedrohung als Merkmale der Zielgruppe genannt (vgl. u.a. Hoffmann 1985, Klose/Seidel 1987, Mädchenhaus Bielefeld 1987). Einige Angebote beziehen sich ausschließlich auf sexuell mißbrauchte Mädchen (Wildwasser Berlin und Kobra Stuttgart), während andere darin eine unzulängliche Rezeption des ganzheitlichen Grundgedankens der Mädchenarbeit sehen und die grundsätzliche Offenheit ihres Mädchenhauses für alle Mädchen propagieren (so z.B. Frankfurt) (vgl. Klose/Seidel 1987, S. 31). Demnach würde "nur ein Ansatz 'am Mädchen' und gerade nicht 'am sexuellen Mißbrauch' (...) den fatalen Kreislauf in der Vorstellung eines betroffenen Mädchens [unterbrechen], vorwiegend im Zusammenhang des sexuellen Mißbrauchs (...) Interesse und Zuwendung zu erhalten" (Klose/Seidel 1987, S. 31).

Nicht nur diese Argumentation verweist auf einen nicht abgeschlossenen Prozeß fachlicher Überlegungen. So wird vom Hamburger Mädchenhaus inzwischen selbstkritisch diskutiert, ob die pädagogische Arbeit mit sexuell mißbrauchten Mädchen vereinbar ist mit dem ebenfalls bestehenden Angebot, Mädchen zu einem Ausstieg aus der Prostituiertenszene zu verhelfen (vgl. Institut für soziale Arbeit e.V. 1985, S.26). Gründe für die Nichtvereinbarung dieser Zielgruppen werden insbesondere in der unterschiedlichen psychischen Situation und in der Gefahr des versuchten Anwerbens für das Prostitutionsmilieu gesehen.

Im allgemeinen wird in den Konzeptionen der Mädchenhäuser davon gesprochen, daß die Gründe von Mädchen, von zu Hause wegzuwollen oder wegzulaufen, vielfältig sind (so Klose/Seidel 1987, S. 32). Von daher wird als Ziel für die Arbeit der Mädchenhäuser neben Schutz vor Gewalt auch Unterstützung in Krisen- und Notsituationen genannt. Mädchenhäuser visieren i.d.R. mehrere Angebote an:

- Anlaufstellen in Form von Büros oder Cafes, die Informationen und Beratung bieten
- Zufluchtstätten, die den Mädchen sofortige Unterbringung außerhalb des Elternhauses u.ä. ermöglichen
- Längerfristige Wohnmöglichkeiten, die zur Stabilisierung von Verselbständigungsprozessen der Mädchen beitragen.

Realisiert werden kann zumeist jedoch nur die Anlauf- und Beratungsstelle mit angeschlossener Krisenwohnung.

Die Krisenintervention ist geprägt durch Parteilichkeit für Mädchen, ohne daß jedoch die Arbeit mit deren Müttern, Vätern und weiteren Familienangehörigen ausgeschlossen wird. Abgelehnt wird jedoch die Arbeit mit den Tätern. Die Parteilichkeit kommt vor allem auch bei der Unterstützung der Mädchen im Umgang mit Behörden zum Tragen. Insbesondere hier macht sich denn auch die Überwindung der Defizit- oder Opferperspektive bzw. gar der Opfer-Täter-Verdrehung bemerkbar. Die Glaubwürdigkeit der Mädchen wird nicht in Frage gestellt; schulische, psychosomatische und sexuelle Probleme vor dem Hintergrund der Lebenserfahrungen der Mädchen gesehen und Fremd- und Autoaggression als Auflehnung gegen unzumutbare Leiderlebnisse gedeutet. Dies beinhaltet auch die Überwindung einer Sichtweise, die Probleme und Phänomene parzelliert. Weglaufen von Mädchen ist so auch Ausdruck von Problemen, die Mädchen haben und nicht Problem an sich.

Die pädagogische Arbeit orientiert sich an den Grundsätzen feministischer Mädchenarbeit:

- "Im Mittelpunkt der Arbeit steht das Mädchen mit seinen Bedürfnissen und Schwierigkeiten
- das Mädchen wird in seiner Problematik ernstgenommen
- Hilfe zur Selbshilfe, d.h., keine überstülpende 'Rundumbetreuung'
- Beachtung und Ausbau der vorhandenen Stärke" (Mädchenhaus Hamburg o.Jg.).

Insgesamt ist die Arbeit der Mädchenhäuser darauf ausgerichtet, das Selbstbewußtsein und Selbstwertgefühl der Mädchen zu stärken, das Zutrauen in ihre Handlungskompetenz zu fördern, die Aufarbeitung von Leiderfahrungen zu ermöglichen und den Bezug eigener Erlebnisse in weibliche Lebenszusammenhänge zu stellen. Gemeinsam werden mit den Mitarbeiterinnen die notwendigen Handlungsschritte für die Zukunft erarbeitet und umgesetzt.

Grundsatz der Mädchenhäuser ist, daß eine solchermaßen praktizierte Arbeit ausschließlich von weiblichen Fachkräften betrieben werden kann. Als zentraler pädagogischer "Transmissionsriemen" wird die Beziehungsarbeit gewertet.

"Beziehungsarbeit mit den Mädchen und jungen Frauen ist notwendig, weil weibliche Jugendliche derart sozialisiert werden, daß sie durch Identifikation lernen und auf Personenorientierung ausgerichtet sind. Durch alternative Identifikationsfiguren haben die Mädchen und jungen Frauen die Möglichkeit, Alternativen zu den bestehenden Frauenleitbildern in Politik, Musik, Werbung, Literatur etc. zu erleben, ihre eigene Frauenrolle zu reflektieren und Neues auszuprobieren. (...)

Stärke, Durchsetzungskraft und Selbstbewußtsein entwickeln sich nicht in erster Linie durch verbale Vermittlung, sondern in einem handlungsintensiven, projekt-und produktorientierten Umfeld" (Mädchenhaus Bielefeld 1987, S. 12f.).

Auch wird erprobt, in welcher Weise der Grundsatz der Hilfe zur Selbsthilfe so genutzt werden kann, daß betroffene Mädchen aus den Zufluchtstätten und den Wohnprojekten Kriseninterventionen für ratsuchende neue Mädchen leisten können.

Weitere Kennzeichen für die Arbeit von Mädchenhäusern sind Freiwilligkeit des Angebots und Anonymität. Das heißt, daß die Mädchen kommen und gehen können, ohne einem Zwang ausgesetzt zu sein. Es werden auch keine Akten geführt oder verfaßt (vgl. Hoffmann 1985, S. 36). Die Anonymität bezieht sich z.T. auf die Lage der Mädchenhäuser, z.T. werden die rechtlichen Handlungsspielräume hinsichtlich der Geheimhaltung des Aufenthaltsortes und des Aufenthaltszeitraumes auch gegen den Willen der Sorgeberechtigten genutzt (vgl. hierzu Hoffmann 1985, S. 39, Jordan/Münder 1986, S. 43ff.).

Öffentlichkeitsarbeit hat für alle Mädchenhäuser einen zentralen Stellenwert. Dies liegt nicht vorrangig darin begründet, daß Öffentlichkeitsarbeit zumeist für die existentielle Absicherung bzw. die Einrichtung von Mädchenhäusern unabdingbar ist. Öffentlichkeitsarbeit beinhaltet insbesondere auch die Aufdeckung von sexuellem Mißbrauch und Mißhandlungen an Mädchen und jungen Frauen. Interessant an den Konzeptionen der Mädchenhäuser ist auch, daß sie häufig Fortbildungsangebote für Fachkräfte der sozialen Arbeit und andere Interessierte anbieten (vgl. u.a. Pressedienst des Bundesministers für Jugend, Familie, Frauen und Gesundheit 1987, S. 4, Nitschke 1985, S. 9).

Diese Darstellung über Ziele, Arbeitsansätze und Angebote von Mädchenhäusern verweist auf grundlegende Unterschiede zu der herkömmlichen Praxis von

Krisenintervention in der Jugendhilfe durch die Jugendschutzstellen. Studien zeigen, daß der größte Teil der Jugendschutzstellen pädagogische Krisenintervention auf eine bloße "unverzügliche Rückführung" zu den Fluchtorten reduziert und insbesondere auch die institutionellen Rahmenbedingungen Anlaß zur Kritik geben (vgl. Jordan u.a. 1984, Jordan/Münder 1986). Demzufolge gehen 53,5% der Schutzstellen von einer Verpflichtung zur fluchtsicheren Verwahrung der in Obhut genommenen Minderjährigen aus und praktizieren eine generelle geschlossene Unterbringung.

Abgesehen von der rechtlichen Problematik dieses Handelns wird die pädagogische Unzulänglichkeit vor dem Hintergrund der Problemkonstellationen und Familiensituationen für Mädchen evident. Ebenfalls nicht mehr zum Tragen kommen die Bedeutungen, die dem Handeln der Mädchen zugrunde liegen. Ein solchermaßen praktiziertes Verständnis von Inobhutnahme entspricht einer an Ordnungsprinzipien orientierten Jugendhilfe, der es um die Beseitigung des durch Auffälligkeiten störenden Verhaltens geht.

Da die Jugendämter nach § 1 JÖSchG und nach § 11 JWG in Verbindung mit den landesrechtlichen Ausführungsgesetzen zum JWG grundsätzlich verpflichtet sind, Minderjährige in Obhut zu nehmen, die ihr von der Polizei zugeführt werden, sich als Hilfesuchende selbst melden oder von Dritten (z.B. freien Trägern, Selbsthilfeinitiativen) aufgenommen und dann als Hilfesuchende gemeldet werden, besteht zwar bereits eine institutionelle Infrastruktur, die jedoch für eine pädagogische Krisenintervention qualifiziert werden muß (vgl. hierzu Jordan u.a. 1984, Jordan/Münder 1986).

Diese Qualifizierung hätte insbesondere auch jene geschlechtsspezifischen Prämissen zu beinhalten, die der Arbeit der Mädchenhäuser zugrunde liegen. Auf die prinzipielle Bereitschaft zur Rezeption dieser Erkenntnisse verweisen verschiedene Aktivitäten von Jugendhilfeträgern wie Fortbildungsveranstaltungen, Modellprojekte, Bestandsaufnahmen etc. (vgl. u.a. Landeswohlfahrtsverband Württemberg-Hohenzollern 1984, Landschaftsverband Rheinland 1985, Institut für soziale Arbeit e.V./Landeswohlfahrtsverband Hessen 1987, Evangelischer Erziehungsverband e.V. 1988). Trotzdem erweist sich das System der Jugendhilfe gegenüber Innovationen – und hier insbesondere frauenpolitischen Innovationen - häufig genug noch als außerordentlich resistent (vgl. Trauernicht 1988). Mögen hier die Empfehlungen der Jugendministerkonferenz Wirkung zeitigen, die den Ausbau von speziellen Mädchenprojekten ebenso beinhalten wie die Qualifizierung bestehender Angebote für die Belange von Mädchen.

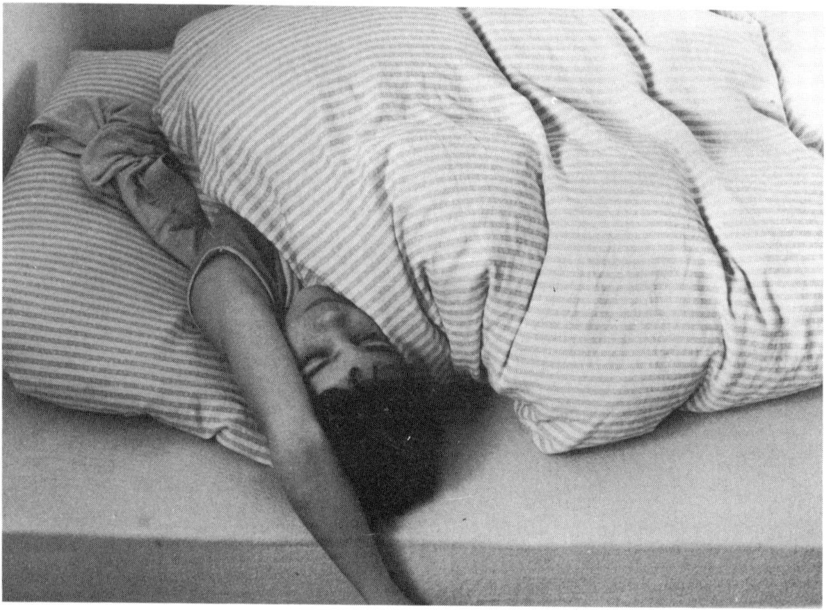

Unabdingbar ist ein Perspektivenwechsel von den Problemen, die Mädchen "machen", hin zu den Problemen, die ihnen gemacht werden bzw. die sie haben.Das heißt, daß der Sinnzusammenhang des Handelns von Mädchen als Zeichen des Widerstandes verstanden wird und eine vordergründige Anpassung an gesellschaftlich verordnete Frauennormalität unterbleibt.

5. Hilfe für Mädchen mit Kindern: Betreutes Jugendwohnen

Die vorliegenden Erfahrungen machen deutlich, daß der Eintritt einer Schwangerschaft in engem Zusammenhang mit der psychosozialen Lebenssituation steht: kennzeichnend für viele Mädchen, die früh schwanger werden, ist ein geringes Selbstwertgefühl und ein erhöhtes Bedürfnis nach emotionaler Anerkennung und Zuwendung als Folge leidvoller Sozialisationserfahrungen in Familie und Umfeld. Sexualität ist zumeist keine Form lustvoller selbstbestimmter Erfahrung; häufig geben die Mädchen den Wünschen ihrer Freunde und Bekannten in der Hoffnung auf unerfüllte Sehnsüchte nach Zärtlichkeit und Geborgenheit nach. Sie erträumen sich Lebenskonzepte, deren Einlösung aufgrund mangelnder Rahmenbedingungen sowie fehlenden erlernten Kommunikations- und Konfliktverhaltens mehr als fraglich ist.

So sehen Fachkräfte der Jugendhilfe ihre Aufgabe häufig darin, daß sie den schwangeren Mädchen mehr "Realitätssinn" vermitteln wollen. Sie warnen vor einer überschwenglichen Orientierung auf Familie und Kinder und empfehlen Schwangerschaftsabbruch oder Freigabe zur Adoption. Dies trifft in einigen Fällen auch die Vorstellung von Mädchen, zumeist aber "genießen" sie das allgemeine Interesse und die Bewunderung insbesondere ihrer Mitbewohnerinnen in Einrichtungen der Jugendhilfe. Auch aus Sorge, daß andere Mädchen an einer Mutterschaft Gefallen finden könnten, werden Mädchen häufig in sog. Mutter-Kind-Heime verlegt. Es liegt auf der Hand, daß diese Art von Vorsorge zwar klassische Fürsorge, aber nicht den Prinzipien moderner Jugendhilfe entspricht und ein Lebensweltwechsel der schwangeren Mädchen so nicht zu legitimieren ist. Appelative Bemühungen machen fachlich keinen Sinn; gefragt sind eine ganzheitliche sexualpädagogische Arbeit mit Mädchen sowie attraktive Alternativen zum Leben.

Am Beispiel des Vereins Leben lernen e.V. in Berlin soll dargestellt werden, daß Jugendhilfe für Mädchen mit diesen Lebensverläufen tatsächlich fachlich angemessene Antworten gefunden hat, auch wenn davon ausgegangen werden kann, daß diese noch wenig verbreitet sind. Die Darstellung basiert auf Berichten des Projekts.

Seit Februar 1980 besteht in Trägerschaft des Vereins "Leben lernen" in Kreuzberg/Berlin ein Wohnprojekt für schwangere Frauen bzw. jugendliche und junge erwachsene Frauen (16 bis 25 Jahre) mit ihren Kindern (bis zu drei Jahren). Entstehungsanlaß dieses Jugendhilfeprojekts waren Erfahrungen, die zeigten, daß es einen Bedarf an adäquaten Angeboten mit pädagogischer Betreuung für junge Schwangere/Mütter gibt. Das Projekt versteht sich als Alternative zu herkömmlicher Heimerziehung, die – so die Kritik – nicht geeignet ist, eine weitgehende Selbständigkeit der betroffenen Frauen zu erreichen.
Die Art der Räumlichkeiten des Projekts wird für die Umsetzung der pädagogischen Ideen als besonders wichtig erachtet. Dies deshalb, als bereits die Räumlichkeiten zu dem Ziel Verselbständigung beitragen sollen. Es wurde nach längerer Suche ein Haus angemietet, das 11 Eineinhalb-Zimmer-Wohnungen hat. In dem Haus können acht Frauen mit ihrem Kind je eine abgeschlossene Eineinhalb-Zimmer-Wohnung mit Toilette, Dusche und Küche bewohnen. Drei der Wohnungen sind mit einem kleinen Bad ausgestattet. Zwei Wohnungen dienen der Betreuung der Kinder und darüber hinaus eine Wohnung als Büro. Bis auf eine Wohnung mit Gasetagenheizung haben alle Wohnungen Ofenheizung. In jeder Wohnung ist ein Telefon installiert. Die Wohnungen der Frauen können mit deren eigenen Möbeln – soweit vorhanden – eingerichtet werden. Darüber hinaus stehen Möbel des Projektes zur Verfügung.

Die Räumlichkeiten entsprechen auch insofern den Projektvorstellungen, als sie überwiegend einen direkten Bezug zu den Herkunftsbezirken der Frauen darstellen, die zumeist aus dem Bezirk Kreuzberg kommen. Eher nicht intendiert war jedoch, daß bis heute handwerkliche Maßnahmen einen nicht unerheblichen Teil der Arbeitsenergie, vor allen Dingen auch der Mitarbeiterinnen, binden. So befand sich das Haus in einem sehr schlechten Zustand und mußte in mühseliger und langwieriger Renovierungszeit bewohnbar gemacht werden.

Die meisten Frauen sind 17, 18 oder 19 Jahre alt, haben keinen oder einen Hauptschulabschluß und sind zum großen Teil auf Trebe oder von Obdachlosigkeit bedroht. Zum weit überwiegenden Teil kommen diese Frauen selbst aus Ein-Eltern-Familien. Familienkonflikte, Drogenprobleme, Ausbruchsversuche sind wesentliche Bestimmungsmerkmale im Leben dieser Frauen. Dies hatte zumeist eine Heimunterbringung für sie zur Folge. Sie kommen aus Wohnheimen/-gemeinschaften, Übergangswohnheimen, eigenen Wohnungen, Wohnungen bei Bekannten und Verwandten und insbesondere auch von der Straße. Als Gründe für die Unterbringung werden somit die drohende oder vorhandene Obdachlosigkeit sowie die Hilfe zur Erziehung des Kindes genannt. Die meisten Frauen fühlen sich nicht imstande, eine eigene Wohnung zu beziehen, da Ängste vorhanden sind: Angst vor der Isolation, Angst vor dem Alleinerziehen des Kindes, Angst vor Überforderung im Allgemeinen, Angst vor der persönlichen Stagnation, Angst vor dem Umgang mit Sozialbehörden etc.

Die pädagogischen Zielsetzungen des Projektes haben sich seit der Erstellung der Konzeption kaum verändert:

- Planung und Handhabung der alltäglichen Anforderungen (Versorgung des Kindes, Einkaufen, Heizen, Putzen, Wirtschaften etc.)
- Planung und Orientierung des Lebens- und Wohnbereichs gemäß den Einzel- bzw. Gruppenbedürfnissen durch Entwicklung fester Regelungen und allgemein gültiger Absprachen
- Auseinandersetzung mit der sozialen Umwelt durch Entwicklung individueller und kollektiver Lebens- und Lernprozesse (Gruppensitzungen, gegenseitige Entlastung in der Kinderbetreuung, gemeinsame Freizeitaktivitäten, gemeinsamer Gruppenurlaub usw.)
- Information über und Erlernen des Umgangs mit Behörden, Beratungsstellen und anderen Institutionen
- Anstreben von Schulabschlüssen, Berufsausbildungen, Arbeitsvermittlung unter der Berücksichtigung der jeweiligen Wünsche, Fähigkeiten und Möglichkeiten der Frauen
- Anregung zu Freizeitaktivitäten
- Förderung neuer und bestehenden Außenkontakte zur Vermeidung möglicher Isolation (Familie, Freund, Verwandte etc.)
- Beratung individueller Probleme in Einzel- und Gruppengesprächen (Partnerprobleme, Sexualität, Familie, Ausbildung)
- Auseinandersetzung mit der gesellschaftlichen Wirklichkeit anhand konkreter Ansatzpunkte (Situation alleinerziehender Mütter, Arbeitslosigkeit, Ausbildungssituation)
- gemeinsames Erarbeiten von Zukunftsperspektiven, ausgehend von den Wünschen, Möglichkeiten und Voraussetzungen der Betroffenen
- für Schwangere Vorbereitung auf die Geburt, Beratung zu § 218, Beratung von Adoption und Pflegeverhältnissen
- Förderung der Mutter-Kind-Beziehung, Beratung und Anleitung der Mütter in pflegerischem, medizinischem und pädagogischem Bereich, Beratung in Rechtsfragen (elterliche Sorge, Vormundschaftsfragen).

Die Autonomie des Wohnraums als wesentliches pädagogisches Prinzip beinhaltet, daß keine "Rund-um-die-Uhr-Betreuung" stattfindet. Zwar gibt es eine Rufbereitschaft von Mitarbeiterinnen, in der Regel findet die Betreuung der jungen Frauen jedoch schwerpunktmäßig in Einzelgesprächen sowie durch wöchentlich stattfindende Gruppenabende statt. Bei Einzug in das Projekt erhält jede neue Frau eine Mitarbeiterin als feste Bezugsperson. Dies ist zumeist diejenige, die bereits das Aufnahmegespräch mit der Frau geführt und den Einzug mit ihr vorgenommen hat. Diese Mitarbeiterin begleitet die neue Frau als feste Bezugsperson vom Einzug bis zum Auszug aus dem Projekt. Die Betreuung fängt mit der Ablösung von den alten Wohnverhältnissen und dem Einzug in das Projekt an. Während der Einzugsphase (Ausgestaltung und Einrichtung der Wohnung) wird sich viel Zeit genommen für das gegenseitige Kennenlernen, wobei folgende Aspekte besonders berücksichtigt werden:

- Was kann die neue Frau allein?
- Wo braucht sie viel Unterstützung?
- Wo braucht sie wenig Unterstützung?
- Wie kann sie mit Geld umgehen?
- Wie sieht die Versorgung des Kindes aus?
- Welche Zukunftsperspektiven kann sie entwickeln?
- Welcher Kontakt zur Gruppe ist möglich?

Die Frau selbst sollte während dieser Kennenlernphase reflektieren:

- Was kann ich bereits selber?
- Wo brauche ich Unterstützung?

Diese Selbst- und Fremdeinschätzungen werden zusammengetragen und bilden zunächst den Inhalt der Beratungsarbeit für die erste Zeit. Verallgemeinert kann gesagt werden, daß in der Anfangsphase sehr intensive Betreuung einschließlich vieler praktischer Hilfestellungen notwendig ist, die dann im Verlaufe des Wohnens immer mehr den Charakter von Beratung annimmt.

Oberstes pädagogisches Prinzip in den Beratungsgesprächen ist: Soviel Eigenverantwortlichkeit bei den jungen Frauen zu fördern wie irgend möglich. Eigenverantwortlichkeit in bezug auf ihr Kind, in bezug auf sich selbst und andere und in bezug auf ihre Wohnung. Dieses oberste pädagogische Prinzip beinhaltet sehr verschiedene individuelle, auf die konkrete junge Frau abgestimmte Betreuungsinhalte. Die Frage lautet nicht: "Was kann ich Dir abnehmen?", sondern: "Was brauchst Du von mir/uns, damit Du Dein Problem lösen kannst?". Diese Hilfe zur Selbsthilfe ist ein hoher Anspruch sowohl an die Mitarbeiterinnen selbst als auch an die jungen Frauen, die zum Teil jahrelang im Heim gelebt haben und sich häufig auf die soziale "Opferrolle" und "Rundum-Versorgung" eingestellt haben. Von den Mitarbeiterinnen verlangt dieser Anspruch bisweilen, schwierige Situationen aushalten zu können, ohne selber zu schnell einzugreifen. Dies setzt einen bewußten Umgang mit der HelferInnenrolle voraus: Nicht geben, um dann als "heimlichen Helferlohn" Dank und Anerkennung zu ernten, sondern "nur" unterstützen und die Unabhängigkeit der jungen Frauen fördern; Unabhängigkeit letztlich auch von den Mitarbeiterinnen. Am Ende des Betreuungsprozesses steht dann oft kein "Danke schön", sondern "Ich brauche Euch nicht mehr". Dies als positiven Ablösungsprozeß von der Mitarbeiterin und dem Projekt zu sehen und nicht gegen die eigene Person gerichtet zu empfinden, wird als eine sehr wichtige Erfahrung für die Mitarbeiterinnen gewertet.

Das Prinzip der Eigenverantwortlichkeit wird gestützt durch die räumliche Struktur des Projekts. Die gemeinsame Planung und individuelle Ausgestaltung der Wohnung bei Neueinzug läßt bei den Frauen ein viel höheres Maß an Eigenverantwortlichkeit und des Gefühls, für sich selbst und das Kind zu sorgen, entstehen, als dies in üblichen Heimen möglich ist. Besonders Frauen, die aus Heimen und Wohngemeinschaften kommen, sind oft gruppenmüde und streben nach einem abgeschlossenen Raum für sich selbst. Das hohe Maß der Identifikation mit der Wohnung zeigt sich unter anderem darin, daß bislang keine der Frauen "entwichen" oder "auf Trebe" gegangen ist. Gleichzeitig leben die Frauen jedoch nicht isoliert, sondern inmitten anderer Bewohnerinnen und dies in nächster Nähe. Kontaktaufnahmen sind somit jederzeit möglich, werden aber nicht erzwungen. Dadurch kann jede Frau Nähe bzw. Distanz zu den jeweilig anderen Bewohnerinnen selbst bestimmen. Die Erfahrung zeigt, daß ein reger Kontakt unter den Frauen zumeist schon nach kurzer Zeit zustande kommt. Zum einen geschieht dies über die Kinder, z.B. durch gegenseitiges Babysitten, zum anderen ist der Gruppenabend von wichtiger Bedeutung für die Kontaktaufnahme.

Einmal wöchentlich findet ein Gruppenabend statt. Jede Frau muß in dieser Zeit für einen den Mitarbeiterinnen bekannten Babysitter sorgen. Dadurch sollen die Außenbeziehungen gestärkt bzw. ein Abendbetreuungssystem vermieden werden, daß nur aus ErzieherInnen und den im Projekt lebenden Frauen besteht. Gerade die Gruppe bietet die Möglichkeit, Isolation aufzuheben und Unterstützung bzw. Kritik von Gleichaltrigen zu bekommen, was Hilfe zur Selbsthilfe fördert und die Frauen langfristig unabhängiger von Problemlösungen durch soziale Fachkräfte macht. Die Gruppenabende werden von einer erfahrenen Therapeutin begleitet. Aufgrund ihrer Distanz zum Projektalltag und mit ihrer therapeutischen Erfahrung hat diese andere Möglichkeiten, Probleme zu bearbeiten als die Mitarbeiterinnen, insbesondere bei Konflikten zwischen Mitarbeiterinnen und Frauen. Als positives Nebenprojekt dieser therapeutischen Leitung hat sich ergeben, daß die Frauen Ängste vor Therapie und Vorurteile gegenüber TherapeutInnen abbauen konnten. Auf Wunsch der Frauengruppe findet der Gruppenabend alle 14 Tage nur mit der Therapeutin und ihnen statt. An den anderen Abenden sind alle Frauen und Mitarbeiterinnen anwesend.

In den vergangenen Jahren fand zudem jährlich eine Gruppenreise statt. Neben den allgemein bekannten Gründen, die für eine Gruppenreise sprechen, wird als wichtig erachtet, die Mütter in dieser Zeit "rund um die Uhr" mit ihren Kindern zu erleben, um einen besseren Einblick zu erhalten, wo in der Beratungstätigkeit bei jeder einzelnen Frau Schwerpunkte gesetzt werden müssen.

Durch die Geburt des Kindes werden bei den jungen Frauen Erinnerungen an die eigene Entwicklung wach und es entsteht der Wunsch nach Auseinandersetzung mit der eigenen Familiengeschichte. Meist geht dies mit dem Bedürfnis einher, den Kontakt zu den Eltern zu verbessern bzw. überhaupt wieder Kontakt zu den Eltern oder Elternteilen aufzunehmen. Neben den Verarbeitungsmöglichkeiten der Eltern-Kind-Beziehung bestehen jedoch auch Möglichkeiten erneuter Kränkungen und Verletzungen. Der Beratungsinhalt besteht somit wesentlich darin, den jungen Frauen die positiven und negativen Prozesse in den Beziehungen zu ihren Eltern sichtbarer zu machen und sie realistischer einzuschätzen.

Es wird darüber hinaus versucht, mit den Frauen zu klären, welche Erwartungen sie in bezug auf sich selbst und ihr Kind an den Kindesvater haben. Wenn dies möglich ist, schließt die Beratung die Väter mit ein. Insbesondere dann, wenn diese sich häufig im Projekt aufhalten und Anteil an der Versorgung des Kindes nehmen.

Ebenso werden die neuen Freunde, die sich an der Versorgung des Kindes beteiligen, in die Beratung mit einbezogen. Die Beziehungen zu neuen Partnern, die nicht die leiblichen Kindesväter sind, sind häufig ein Problem für viele Frauen. Dauerhafte Beziehungen beinhalten die Möglichkeit einer guten Beziehungsentwicklung des neuen Partners zu dem Kind. Zum Teil übernehmen die Väter oder der neue Partner einen großen Anteil an der Versorgung des Kindes. Neue Partner oder die Väter passen auch häufig während des Gruppenabends auf die Kinder auf. Auf Wunsch der Frauen nehmen die Partner auch einmal am Gruppenabend teil.

Für viele junge Frauen ist es eine Krisenerfahrung, so jung Mutter zu werden. In ihnen kämpfen zwei Seiten miteinander: die Seite der Jugendlichkeit mit Wunsch nach Discogängen, die Nacht durchzumachen, Ausprobieren von verschiedenen Männerbeziehungen, spontane Wünsche verwirklichen etc. und die andere Seite: Die gute Mutter, die nur bei ihrem Kind bleibt, es gut versorgt etc. Hier Hilfestellung bei der Verarbeitung der von den Müttern als ambivalent empfundenen Bestrebungen zu geben, ist notwendig. Mutter und trotzdem Jugendliche sein zu können, gehört zu den Beratungszielen und -inhalten.

Die Beziehungen der Mütter zu ihren Kindern sind sehr unterschiedlich. Es gab Mütter, die kaum Körperkontakt zu ihren Kindern aufnahmen und solche, die sehr liebevoll mit ihren Kindern umgingen. Nur wenigen Frauen gelingt es, ihre Kinder über einen längeren Zeitraum (mehrere Monate) zu stillen. Wie überall ist es auch bei diesen jungen Frauen so, daß sie nur das weitergeben können, was sie selbst erfahren haben. Viele Frauen wünschen sich, daß ihr Kind schnell älter wird, damit sie mehr mit ihm anfangen können. Die Sensibilität für die verschiedenen Entwicklungsstufen des Kindes und die Aktivität selbst eines Neugeborenen müssen erst geweckt werden. Die Funktionen, die die Kinder für ihre Mütter übernehmen müssen, sind vielfältig: Einsamkeit überbrücken, eventuell Ersatz für den fehlenden Partner, Garant für das Leben oder für die Drogenfreiheit der Mutter etc. All diese Aspekte müssen in Gesprächen herausgefunden und bearbeitet werden.

Der Umgang der Frauen mit auftretenden Krankheiten ihrer Kinder ist oft schwierig. Hier müssen sie immer wieder zum Arztbesuch gedrängt werden, zur regelmäßigen Medikamentengabe aufgefordert werden etc. Schnell wird die Krankheit des Kindes verdrängt, zum einen, weil in der eigenen Lebensgeschichte Krankheit für nicht so wichtig gehalten wurde, zum anderen, weil bei den meisten Frauen Ängste und Abneigungen gegenüber Ärzten bestehen. Von daher ist es vordringliches Beratungsziel, daß die Versorgung kranker Kinder gewährleistet wird.

Bislang gab es in dem Projekt keine Kindesmißhandlung. Es wurde auch kein Kind schwer geschlagen oder sonstige körperliche Züchtigungen vorgenommen. Jedoch traten teilweise Unterversorgungen einiger Kinder im pflegerischen Bereich auf, zu wenig körperliche Zuwendung der Kinder und vor allem Rücksichtslosigkeit in bezug auf das Rauchen. Die Kinder sind sehr häufig bei ihren Müttern in "verqualmter Umgebung". Die Versuche, auf das Rauchen Einfluß zu nehmen, führen so gut wie nie zum Erfolg. Dagegen wurde das Projektgebot: "Kein Kind darf alleine in der Wohnung gelassen werden!" in der Regel von allen Frauen eingehalten. Dies ist insbesondere dann wichtig, wenn der Auszug aus dieser Wohnung in eine andere Wohnung erfolgt.

Tagsüber werden die Kinder von Erzieherinnen in der projekteigenen Krippe betreut. Die jungen Frauen müssen Nahrung, Windeln und Pflegemittel selber kaufen und mitbringen. Die Mitarbeiterinnen erhalten dadurch einen Einblick, ob die Kinder adäquate Nahrung erhalten und können die Frauen beraten. Grundsätzlich werden die Kinder betreut, während die Frauen zur Schule oder zur Arbeit gehen. Dadurch sollen die Mütter entlastet werden, jedoch andererseits nicht von den Pflichten und der Verantwortung ihren Kindern gegenüber entbunden sein. Diese Kinderbetreuungszeiten sind flexibel: Die Zeit von 6.45 Uhr bis 22.30 Uhr ist bereits abgedeckt worden. Die Krippe konnte bislang auch die Funktion erfüllen, Entwicklungsdefizite zu mindern bzw. aufzuheben. Eine positive Entwicklung der Kinder kann unterstützt werden.

Daß während des Wohnaufenthalts der jungen Frauen in dem Projekt Trebezeiten nicht auftraten, führen die Mitarbeiterinnen auf die große Identifikation mit der "eigenen Wohnung" zurück. Die Frauen erleben ein Höchstmaß des Respektierens ihrer Wohnung. Sie erleben weiter den Vorzug davon, Konflikte eingehen zu können, ohne sofort durch den Verlust der Wohnung bedroht zu sein. Dies führt dazu, daß die Frauen bei Wohnungswechsel großen Wert auf eigene Mietverträge legen. Der Erhalt der eigenen Wohnung ist für sie zentral geworden. Dies wird als erfreuliches Ergebnis der Projektarbeit gewertet.

Ein weiterer zentraler Bereich ist der der schulischen und beruflichen Bildung. Je nach Situation der Frauen gibt es sehr unterschiedliche Entwicklungen in diesem Bereich. So gut wie nie ist ein Abbruch von Schule, Ausbildung oder Arbeit auf mangelnde intellektuelle Fähigkeit zurückzuführen; die Gründe liegen vielmehr zumeist im motivationalen Bereich. Von daher wird hier ein wichtiger Ansatz der pädagogischen Arbeit gesehen. Es zeigt sich immer wieder, wie wichtig für die Persönlichkeitsentwicklung der jungen Frauen Schule und Ausbildung sind; wichtig ist darüber hinaus auch eine erfolgreiche Integration ins weitere soziale Umfeld.

6. Hilfe für Mädchen bei sexueller Gewalt: Angebote einer Region (Hamburg)

Mädchenhaus im Kinder- und Jugendnotdienst

Seit Juni 1983 gibt es in Hamburg das Mädchenhaus als eigenständigem Bereich des Kinder- und Jugendnotdienstes. Das Mädchenhaus ist ein Beratungs- und kurzfristiges Wohnangebot für Mädchen in Krisensituationen, die körperlicher, sexueller und/oder psychischer Gewalt ausgesetzt sind. Das Mädchenhaus richtet sich an Mädchen zwischen 13 und 18 Jahren.

Träger des Mädchenhauses ist das Amt für Jugend, das mit der Neuorganisation der sog. Inobhutnahme von Kindern und Jugendlichen und der Gründung des Kinder- und Jugendnotdienstes aufgrund der Erfahrungen insbesondere im Mädchenheim Feuerbergstraße als erster staatlicher Träger in der Bundesrepublik die Notwendigkeit einer gesonderten Einrichtung für Mädchen in Not sah und umsetzte.

Das Mädchenhaus verfügt über insgesamt 10 Plätze. Im Laufe von 6 Jahren wurden über 400 Mädchen aufgenommen und über 2.000 Beratungen durchgeführt. Von den Mädchen, die im Mädchenhaus Schutz suchten, kamen

- 36% aufgrund von sexuellem Mißbrauch
- 43% aufgrund von Mißhandlung
- 10% aufgrund von Prostitution
- 58% aufgrund von allgemeiner psychischer Bedrohung (Mehrfachnennungen).

Fast die Hälfte der rat- und unterstützungssuchenden Mädchen waren Ausländerinnen.

Sowohl Zugang als auch Art und Nutzung des Mädchenhauses ist sehr unterschiedlich. Von der telefonischen Beratung über das Einzelgespräch hin zu Gesprächen sowohl in Einzel- als auch Gruppenarbeitsweise wird das Beratungsangebot in Anspruch genommen. Manche Mädchen bleiben nur eine oder wenige Nächte und wollen insbesondere ein Signal an die Familie senden, um auf diese Weise Veränderungen ihrer familiären Situation herbeiführen zu können. Andere Mädchen bleiben mehrere Wochen oder Monate, bis eine Rückkehr in die Familie von allen Beteiligten als möglich angesehen wird. Hier ist eine intensive Arbeit entweder mit den Mädchen allein, mit den Mädchen und ihren Familienangehörigen direkt oder aber im Verbund mit anderen Fachkräften verschiedenster sozialer Dienste erforderlich. Manchmal sofort und manchmal erst später klärt sich auch, daß für die Mädchen eine Rückkehr in die Familie nicht möglich ist. Hier geht es dann um den Umzug in eigenen Wohnraum, in eine Jugendwohngruppe oder Jugendwohngemeinschaft, in die Pflegefamilie oder in ein Heim. Viele Mädchen melden sich direkt im Mädchenhaus und bitten um Unterstützung, andere werden über den Kinder- und Jugendnotdienst, die Sozialen Dienste, durch Lehrerinnen, Freundinnen oder andere Personen vermittelt.

Die Arbeit im Mädchenhaus orientiert sich an den Grundsätzen feministischer Mädchenarbeit. Das heißt, nicht die Defizitperspektive, die Opfertheorie und die Schuldzuschreibung stehen im Mittelpunkt der sozialpädagogischen Arbeit mit den Mädchen, sondern die Akzeptanz der Mädchen als Subjekt. Dies bedeutet, daß die Mädchen mit ihren Handlungsorientierungen, Normen und Werten ernst

genommen werden, daß diese vor dem Hintergrund der Theorien geschlechtsspezifischer Sozialisation und des Wissens um patriarchale Strukturen interpretiert werden. Es geht um Hilfe zur Selbsthilfe und damit um die Beachtung und die Stärkung der eigenen Kräfte und des Ausbaus der Handlungsautonomie.

Das Mädchenhaus arbeitet nach den Grundsätzen der Freiwilligkeit und Vertraulichkeit. Neben der grundsätzlichen Hilfestellung bei der Alltagsbewältigung und der Entwicklung von Lebensperspektiven wird die Möglichkeit zur Aufarbeitung dramatischer Erlebnisse angeboten. Neben zahlreichen Einzelgesprächen sowohl mit den Mädchen als auch mit vielen im Bezugsfeld der Mädchen wichtigen Personen gibt es Gruppenangebote für alle Bewohnerinnen des Mädchenhauses und darüber hinaus den "Montagstreff" für sexuell mißbrauchte Mädchen. Für die betroffenen Mädchen bedeutet die Arbeit in der Gruppe die Chance, den sexuellen Mißbrauch zu enttabuisieren, Schuld- und Schamgefühle abzubauen, Selbstwertgefühl zu entwickeln, eigene Gefühle und Bedürfnisse wahr und ernst zu nehmen, nein sagen zu üben, die Opferhaltung aufzugeben und individuelle Stärken auszubauen.

Nicht nur über die direkte Arbeit mit den Mädchen spielt die Vernetzung mit anderen Einrichtungen der Jugendhilfe und der Schule eine wichtige Rolle. Arbeitskreise zum Thema sexuelle Gewalt, Fachtagungen und Fortbildungsveranstaltungen, Erstellung von Broschüren und die Teilnahme an überregionalen Treffen der Mädchenhäuser gehören zum konzeptionellen Bestandteil des Mädchenhauses.

Landesbetrieb Erziehungs- und Berufsbildungseinrichtungen

Ungefähr die Hälfte der in Hamburg außerhalb ihrer eigenen Familie untergebrachten Kinder und Jugendlichen befinden sich in Einrichtungen des Landesbetriebes Erziehungs- und Berufsbildungseinrichtungen. Seit einigen Jahren wird im Landesbetrieb die Umstrukturierung großer Heime in kleine überschaubare Jugendwohnungen betrieben. Von insgesamt 450 Plätzen in Jugendwohnungen sind 75 Plätze sog. "reine Mädchenplätze". D.h., daß in insgesamt 30 Wohnungen zwischen 1 und 5 Mädchen ausschließlich mit anderen Mädchen oder eben allein wohnen. Hinzu kommt, daß ca. 50 dieser Plätze ausschließlich von weiblichen Fachkräften betreut werden. Die meisten Fachkräfte orientieren sich in ihrem sozialpädagogischen Selbstverständnis an feministischen Konzepten von Mädchenarbeit.

Wenngleich davon auszugehen ist, daß ein überwiegender Teil derjenigen Mädchen, die diese Angebote nutzen, von sexueller Gewalt betroffen ist oder war, so ist es nicht konzeptionelle Ausrichtung des Landesbetriebes, Angebote für ausschließlich von sexueller Gewalt betroffene Mädchen zu machen. In den auf Mädchen hin konzipierten Angeboten leben somit Mädchen unterschiedlichster Erfahrungen im sexuellen Bereich.

Die breite Angebotspalette des Landesbetriebes macht es möglich, daß Mädchen selbst wählen können und sollen, ob sie in reinen Mädchenwohngemeinschaften oder gemischten Wohngemeinschaften leben wollen.

Die Entstehung der geschlechtshomogenen Angebote innerhalb des Landesbetriebes hängt nicht zusammen mit der traditionellen Mädchenerziehung klassischer Heime. Die Angebotsstruktur entstand einerseits durch die Nachfrage der Mädchen selbst und andererseits aufgrund der für Mädchenarbeit speziell entwickelten Fachlichkeit von Mitarbeiterinnen.

Ähnlich wie auch im Mädchenhaus spielt das Wissen um die Benachteiligung von Mädchen durch die geschlechtsspezifische Sozialisation für die Bewertung der Situation von Mädchen eine zentrale Rolle. Mädchen sollen Raum erhalten, in dem sie ihre Gewalterfahrungen aufarbeiten können und unabhängig von Jungen eigene Aktivitäten entwickeln können. Das Interesse, die Beziehung und die sozialpädagogischen Intentionen der Sozialarbeiterinnen kommen den Mädchen ungeteilt zugute.

Die Angebote für Mädchen im Rahmen des Landesbetriebes Erziehungs- und Ausbildungseinrichtungen befinden sich ebenfalls in Trägerschaft des Amtes für Jugend.

Freie Träger / Allerleirauh e.V.

Neben den staatlichen Angeboten kann darüber hinaus davon ausgegangen werden, daß auch Angebote Freier Träger mit Blick auf die Zielgruppe Mädchen und die Problematik sexueller Gewalt bestehen. Über diese Angebote liegt jedoch keine Bestandsaufnahme vor. Neben den Angeboten und Aktivitäten staatlicher Träger unterstützt das Amt für Jugend Angebote insbesondere kleiner Freier Träger, die sich im Kontext der Frauenpolitik entwickelt haben. Der Verein Allerleirauh entstand 1987 mit dem Ziel, Beratungs- und Wohnangebote für von sexueller Gewalt betroffene Mädchen zu machen. 1989 wurde im Stadtteil Eppendorf ein Beratungsladen eröffnet. Im Rahmen des Beratungsladens werden telefonische und persönliche Einzelberatungen für Mädchen, junge Frauen und

Mütter durchgeführt, eine angeleitete Selbsthilfegruppe für von sexueller Gewalt betroffene Mädchen ab 14 Jahren angeboten, ein Mädchencafe für Mädchen und darüber hinaus eine Müttergruppe für Frauen, die ahnen oder wissen, daß ihre Töchter sexuell mißbraucht werden.

Ähnlich wie in der Konzeption des Hamburger Mädchenhauses wird darüber hinaus Präventionsarbeit in Schulen und Fortbildung für Berufsgruppen der sozialen Arbeit durchgeführt.

Über die Tätigkeit des Beratungsladens und insbesondere auch über das offene Mädchencafe werden Mädchen angesprochen, die nicht bereits aufgrund ihrer allgemeinen Lebenssituation im Rahmen der Hilfen zur Erziehung durch die Jugendhilfe betreut werden. So besteht auch die Möglichkeit, daß die Entdekkung und Enttabuisierung sexueller Gewalt erst im Laufe der Zeit im Rahmen der Kontakte zwischen Mitarbeiterinnen des Vereins Allerleihrauh und den Mädchen erfolgen und bearbeitet werden. Zudem besteht die Möglichkeit, daß einzelne Mädchen, die außerhalb des eigenen Elternhauses in Einrichtungen der Jugendhilfe leben, durch Einzel- oder Gruppenarbeit Unterstützung über Allerleihrauh e.V. erhalten.

Sexuelle Selbstbestimmung durch neue körperliche Erfahrungen und eigene körperliche Akzeptanz, durch die Aufbereitung sexueller Anforderungen und eigener Wünsche, durch die Erfahrung von Parteilichkeit und Ernsthaftigkeit im Umgang mit ihnen und die Aufwertung des weiblichen Geschlechts, durch gegenseitige Akzeptanz und gemeinsame Erfahrungen sollen Mädchen helfen, die Gewalterfahrung zu bearbeiten. Darüber hinaus muß die Entwicklung der Mädchen gestützt werden durch Beratung zur Alltagsbewältigung und Freizeitgestaltung. Berufliche und schulische Aspekte spielen ebenfalls eine zentrale Rolle in der allgemeinen Unterstützung.

Neben dem Beratungsladen ist ein Wohnprojekt geplant und eine sog. flexible Betreuung, d.h. die intensive fachliche Unterstützung von Mädchen, die in kleinen Wohneinheiten leben. Wie bereits bei dem Hamburger Mädchenhaus und den Einrichtungen des Landesbetriebes für Erziehungs- und Ausbildungseinrichtung beschrieben, gehört die Vernetzung und Kooperation mit anderen Angeboten innerhalb der Region und der Stadt zum konzeptionellen Selbstverständnis des Vereins.

Dolle Deerns e.V.: Verein zur Förderung feministischer Mädcharbeit

Im Rahmen der Hamburger Frauenwoche im Jahre 1982 kam es zu einem Zusammenschluß von frauenpolitisch engagierten Fachkräften aus verschiedensten Institutionen der sozialen Arbeit. In einer Arbeitsgruppe wurde in den folgenden Jahren die Thematik sexuelle Gewalt aufbereitet und über Veranstaltungen transportiert. "Keiner hat das Recht, dich gegen deinen Willen zu berühren" war das Motto eines Faltblattes", das viel Beachtung fand. Es wurden Adressen von kompetenten Beratungsstellen, Ärztinnen und Juristinnen weitergegeben und letztlich ein Ladenlokal für die Beratung sexuell mißbrauchter Mädchen und Frauen eröffnet. Die Einrichtung von Selbsthilfegruppen betroffener Frauen und therapeutisch angeleiteter Selbsthilfegruppen für Mädchen kennzeichnen die spezifische Arbeit des Vereins Dolle Deerns. Neben der Arbeit zum Thema sexuelle Gewalt hat der Verein Schwerpunkte in der feministischen Mädchenarbeit im Rahmen der offenen Jugendarbeit und in der Berufsfindung.

Prämissen feministischer Pädagogik stellen auch für den Verein Dolle Deerns die Rahmenbedingungen für ihre konkrete Arbeit zum Thema sexuelle Gewalt. Beratung wird verstanden als Hilfe zur Selbsthilfe, d.h. als Unterstützung zur eigenen Entscheidungsfindung, zur Stärkung des Selbstbewußtseins und zur Förderung der Handlungsautonomie. Aufgrund des Bekanntheitsgrades der Dollen Deerns e.V. in Hamburg gibt es nicht zuletzt durch die verstärkte Öffentlichkeitsarbeit einen erheblichen Anstieg an Anfragen von Pädagoginnen, Sozialarbeiterinnen, Studentinnen, Lehrerinnen und Institutionen. Auch unterscheidet sich der Verein Dolle Deerns von den anderen Angeboten dadurch, daß er in hohem Maße auch von erwachsenen Frauen nachgefragt wird, die von sexueller Gewalt in ihrer Kindheit betroffen waren.

Neben der direkten persönlichen Beratung mit Mädchen und Frauen, therapeutischen Angebote für jüngere Mädchen, angeleiteten Therapiegruppen für sexuell mißbrauchte Mädchen und junge Frauen und Selbsthilfegruppen erwachsener Frauen spielt die Arbeit mit MultiplikatorInnen aus Kindertagesheimen, Sozialen Diensten etc. eine ebenso starke Rolle wie die Organisation von Fortbildungsangeboten, Koordination mit anderen Projekten der sozialen Arbeit sowie die Erstellung von Arbeitsmaterial, Verleih von Büchern und Weitergabe von Informationen.

Elternschulen

In Trägerschaft des Amtes für Jugend, ansässig in den einzelnen Hamburger Bezirken, gibt es die sog. Elternschulen. Zu unterschiedlichsten Themenbereichen bieten die Hamburger Elternschulen in Form von Kursen und Einzelveranstaltungen Eltern Informationen und Gesprächsmöglichkeiten an.

Seit Mitte der 80er Jahre werden in verschiedenen Elternschulen spezielle Angebote zur Thematik sexuelle Gewalt gemacht. So heißt es in den Ausschreibungstexten zu den einzelnen Angeboten beispielsweise: Wir wollen informieren und gemeinsam Fragen besprechen wie z. B.:

Was ist sexueller Mißbrauch? Sind nur Mädchen oder auch Jungen betroffen? In welchem Alter sind die Kinder am ehesten gefährdet? Wer sind die Täter? Was kann ich tun, damit es meinem Kind nicht passiert? Gibt es Anzeichen, wenn mein Kind bedroht oder betroffen ist?

Mit der Bearbeitung dieser Fragen wird vor allem das Ziel verfolgt, das Schutzbedürfnis und Verantwortungsbewußtsein von Eltern anzusprechen und zu stärken. Dabei sollen sachliche Informationen dazu verhelfen, bestehende Ängste abzubauen und die Wahrnehmungsfähigkeit zu fördern. Hierzu bedarf es spezieller Wissensvermittlungen zum Thema sexuelle Gewalt, jedoch auch zu allgemeinen Fragen sexueller Aufklärung sowie zur geschlechtsspezifischen Sozialisation.

Die Durchführung der Angebote erfolgt in der Regel von Kursleiterinnen, die in einer interdisziplinären Arbeitsgruppe "Sexueller Mißbrauch" zusammenarbeiten und als Einzelperson jeweils in einer anderen Vereinstätigkeit engagiert sind (so z.B. im Verein Zornrot, bei Pro Familia und in der Abteilung für Sexualforschung der Universität Hamburg).

Die Erfahrungen mit ca. 30 Elternschulkursen zeigt, daß etwa die Hälfte der Eltern und hier nahezu ausschließlich weibliche Teilnehmerinnen sich informieren wollen, wie sie ihre Kinder am besten vor sexueller Gewalt schützen können. Dabei ist auffällig, daß nach wie vor angenommen wird, daß die größte Gefahr vor fremden Tätern ausgeht. Wenig bekannt sind Tatsachen wie der Mißbrauch auch sehr junger Kinder, der Zusammenhang von Mißbrauch und Ausnutzung einer Vertrauensbeziehung oder Bindungsbereitschaft, Beziehungsbereitschaft, die Funktion des Mißbrauchs für den Täter als Machtausübung oder auch die Tatsache, daß ein Mißbrauch häufig über eine lange Zeit andauert und auch eine geplante Tat ist. Von daher kommt der Informationstätigkeit dieser Elternschulkurse eine hohe Bedeutung zu.

Weiter ist im Einzelfall Anlaß für die Teilnahme an solchen Elternkursen, daß Eltern an Kindern Anzeichen dafür wahrnehmen, daß diese möglicherweise bereits sexuellen Übergriffen ausgesetzt waren.

Die Kurse an den Elternschulen werden weiterhin durchgeführt und ergänzt durch Angebote zur Sexualerziehung und zu kindlicher Sexualität im allgemeinen.

Angebote im Milieu: Cafe Sperrgebiet

Seit 1984 gibt es in St. Georg, einem Stadtteils Hamburgs mit hoher Prostitution, eine Anlauf- und Beratungsstelle für minderjährige Prostitutierte in Trägerschaft der Mitternachtsmission Hamburg. Seit 1989 wird darüber hinaus eine Wohnunterkunft für Mädchen zur kurzfristigen Aufnahme durch das Amt für Jugend finanziert.

Das Cafe Sperrgebiet befindet sich direkt im "Milieu" in St. Pauli und dient in erster Linie als Kontakt- und Anlaufstelle für Mädchen und junge Frauen, die gelegentlich oder dauerhaft der Prostitution nachgehen. Von der Möglichkeit, sich im Cafe aufzuhalten, über Krisenintervention und langfristige Beratung stehen Mitarbeiterinnen des Cafe Sperrgebiet bis spät in den Abend zur Verfügung. Daneben dient das Cafe Sperrgebiet auch als Anlaufstelle zum Klönen, zum Duschen und zum Waschen sowie für gemeinsames Essen.

Die Wohnunterkunft besteht aus einer 4-Zimmer-Wohnung, die räumlich getrennt vom Cafe Sperrgebiet ebenfalls im Stadtteil St. Georg liegt. Diese Wohnung ist als kurzfristige Unterbringungsmöglichkeit für Mädchen gedacht, die ansonsten in Hotels oder Bordells bzw. auf der Straße übernachten würden. Die Aufnahmewohnung hat den Charakter einer Krisenwohnung. Sie bietet den Mädchen Möglichkeit zum Rückzug unter geschützten Bedingungen und damit die Möglichkeit, Entscheidungen zu treffen, die auf einen Ausstieg aus der Prostitution hinauslaufen.

Zur Verfolgung dieses Zieles kooperieren die Mitarbeiterinnen des Cafe Sperrgebiet mit Sozialen Diensten, Jugendwohnungen des Landesbetriebes für Erziehungs- und Berufsbildungseinrichtungen sowie Freien Trägern und erschließen zudem die Möglichkeit eigenen Wohnraums. Dabei bleibt die Erfahrung, daß insbesondere diejenigen Mächen, die bereits in Einrichtungen der Jugendhilfe gelebt und dort schlechte Erfahrungen gemacht haben, kaum motivierbar sind für die Annahme eines solchen Angebotes. "Lieber bleibe ich hier in der Steige, als daß ich in ein Heim gehe" sei ein häufig geäußert Satz insbesonderer minderjähriger Prostituierter. Gerade bei dieser Zielgruppe ist es plausibel, daß der

Prozeß des Ausstiegs aus der Prostitution kein stetiger ist; Ein- und Ausstieg kennzeichnen die Ambivalenz der eigenen Entscheidung. Hier hat die Krisenwohnung ihre besondere Funktion.

Freiwillige und pragmatische Hilfe zur Lebensbewältigung zu geben, Raum im wörtlichen und übertragenen Sinne für Mädchen zu schaffen, Selbstbestimmung und realistische Lebensplanung zu fördern, sind erklärte Ziele des Cafe Sperrgebiet. Neben der Kooperation mit anderen Institutionen zum erfolgreichen Ausstieg von Mädchen aus der Prostitution sieht die Einrichtung es als erforderlich an, daß sie auch ein über Beratung und Krisenwohnung hinausgehendes Angebot machen kann. Von daher ist beabsichtigt, diese bereits bestehenden Einheiten zu ergänzen um schulische und berufliche Weiterentwicklungsmöglichkeiten, Therapie, Freizeit und auch langfristige Wohnmöglichkeiten im Rahmen eines Gesamtprojektes ("Kein Haus für alle"). Über bereits eingetretene Beziehungen zwischen Mitarbeiterinnen des Cafe Sperrgebiet und einzelnen Mädchen wird die Möglichkeit gesehen, die Ausstiegsbereitschaft der Mädchen und eigenverantwortliches Handeln damit zu unterstützen, daß sie im Rahmen einer vertrauensvollen Atmophäre die einzelnen erforderlichen Schritte zu einem Ganzen verdichten können, ohne sich zugleich mit den Vorurteilen und Belastungen einer weiteren Umwelt auseinandersetzen zu müssen. So heißt es in der Konzeption: Das Cafe ist ein "integriertes Modell von Beratung, Lernen, Wohnen, Therapie, Arbeit und Zuhause, das stufenweise Schritte aus dem Milieu ermöglicht. Alle Einheiten unter einem Dach zu haben, bedeutet Abbau der Hemmschwellen und Ängste, die die Mädchen haben, wenn es darum geht, Schritte aus dem Milieu zu wagen."

Wie erforderlich das Cafe Sperrgebiet ist, zeigen die Entwicklungen der letzten Jahre. Das Einstiegsalter der Mädchen in die Prostitution sinkt und das Drogenproblem steigt. Auch das Nachfrageverhalten der sog. Freier richtet sich gezielt auf jüngere Mädchen. Der Verelendungsprozeß der Mädchen, so die Mitarbeiterinnen des Cafe Sperrgebiet, ist derartig rasch fortgeschritten, daß das Cafe Sperrgebiet als Beratungs- und Anlaufstelle allein nicht ausreicht, um dieser Entwicklung wirkungsvoll entgegenzuarbeiten.

Kinderschutzzentrum Hamburg

Das Kinderschutzzentrum wurde 1990 offiziell als Einrichtung des Deutschen Kinderschutzbundes im Landesverband Hamburg e.V. eröffnet.

Das Kinderschutzzentrum Hamburg bietet Familien, Jugendlichen und Kindern Hilfe insbesondere bei Gewalt. Gewalt innerhalb von Familien und/oder gegen Kinder und sexuelle Gewalt wird bearbeitet nach dem Grundsatz "Hilfe statt Strafe". Auch Täter haben hier also die Möglichkeit, Unterstützung durch ein Jugendhilfeangebot zu erhalten. Die Arbeit des Kinderschutzzentrums basiert auf den Prinzipien Freiwilligkeit, Vertraulichkeit und ist darüber hinaus kostenlos für die Nutzer. Therapeutische Angebote für die ganze Familie gehören zu den zentralen Schwerpunkten innerhalb des Gesamtangebotes.

Auch das Kinderschutzzentrum betreibt Fortbildung und Fachberatung für Mitarbeiterinnen anderer Einrichtungen. Eine wesentliche Rolle spielt darüber hinaus die Öffentlichkeitsarbeit. Gewaltanwendung gegen Kinder zu skandalisieren, auf strukturelle Gewalt aufmerksam zu machen und den Ansatz "Hilfe statt Strafe" verständlich zu machen, ist Anliegen des Kinderschutzzentrums.

Mit den hier dargestellten Angeboten und Einrichtungen innerhalb Hamburgs zur Unterstützung von sexuell mißbrauchten Mädchen sind wesentliche Elemente des Hilfsangebotes der Jugendhilfe benannt. Die Darstellung ist jedoch nicht vollständig: So ist z.B. die Arbeit des Notrufes für vergewaltigte Frauen und Mädchen, der Aktion Jugendschutz, des Fortbildungsreferates des Amtes für Jugend und insbesondere auch noch die Arbeit der Ämter für Soziale Dienste zu erwähnen. Auch diese Einrichtungen bieten neben ihren allgemeinen Angeboten konkrete Unterstützung im Rahmen ihrer Tätigkeit bei sexueller Gewalt gegen Mädchen.

7. Ausblick

Mädchen in der Jugendhilfe – dieser Bereich ist einerseits noch gekennzeichnet von Problemen wir Unterdrückung von Mädchen, Ignoranz ihren Bedürfnissen und oft auch von Überheblichkeit und mangelnder Sensibilität ihrer Situation gegenüber, andererseits aber auch schon von Erkenntnis, Einsicht und Bewegung hin zu mädchenadäquater Arbeit. Feministische Politik und Basisinitiativen drängen auf eine neue und andere Infrastruktur; unbelastet von Zuordnungen und Zuständigkeiten fordern sie zum Querdenken und -handeln auf und ignorieren das problematische Vorhandene. Dabei liegen sie richtig und falsch zugleich. Ihr Wissen um die Benachteiligungen von Mädchen ist konsequent rational durchdrungen und emotional durchlebt. Dies macht stark und radikal. Wen stört's, daß die Jugendhilfe – zumindest die sich als offensiv verstehende – ihren Handlungsauftrag und ihr Selbtverständnis darin sieht, parteilich für benachteiligte Jugendliche zu sein. Für Mädchen ist sie es eben nicht gewesen und besonders nicht für Mädchen mit sexueller Gewalterfahrung. Sicher, es ist unbestreitbar, daß die entscheidenden Impulse für einen neuen Umgang mit Mädchen aus der Frauenbewegung gekommen sind. Und doch ist es falsch, die Jugendhilfe als starren, in sich geschlossenen unbelehrbaren Block zu sehen. Das hieße, ahistorisch vorzugehen, das Moderne und Richtungweisende der Jugendhilfe auch im Interesse von Mädchen und jungen Frauen zu übersehen oder nicht wahrhaben zu wollen. Radikal für die Belange von Mädchen einzutreten, kann nicht heißen, diese Radiaklität durch Abgrenzung herzustellen. Konzeptionell und in der alltäglichen Praxis müssen die feministischen Initiativen eine Herausforderung darstellen – eine Herausforderung an die Jugendhilfe zur Veränderung.

Die vorliegende Arbeit versteht sich als Versuch, die Komplexität der Thematik einzufangen und die Weiterentwicklung der Praxis zu betreiben. Was kennzeichnet die sexuelle Sozialisation von Mädchen und welche Bedeutung hat diese für die Entwicklung ihrer geschlechtlichen und persönlichen Identität? Wie stellen sich Sexualität und Sexualverhalten von Mädchen heute im Verhältnis zu früheren Zeiten und auch zu Jungen dar? Wie verhält es sich mit der Erotik und Sexualität zwischen Mädchen, welche Bedeutung hat AIDS für die sexuelle Entwicklung von Mädchen und wie wirken sich sexuelle Gewalterfahrungen auf die Identität von Mädchen aus? All dies sind zentrale Fragen, die beantwortet werden müssen, um fachliche Grundlagen für eine adäquate Mädchenarbeit in der Jugendhilfe zu schaffen. Wenngleich die Aneignung fachwissenschaftlicher Erkenntnisse auch unabdingbar ist, so reicht sie nicht aus. Um geschlechtsspezifische Diskriminierungen in Elternhaus, Schule und Jugendhilfe erkennen zu können, muß das Wahrnehmungsvermögen von weiblichen und männlichen Fachkräften geschärft werden. Räumliche und strukturelle Rahmenbedingungen, theoretische, normative und praktische Handlungsorientierungen in der Jugendarbeit und der Heimerziehung, die zur direkten und indirekten Diskriminierung von Mädchen führen, müssen ins Bewußtsein gerückt werden. Erst damit wird es den MitarbeiterInnen der Jugendhilfe ermöglicht, ihr Wissen und ihre Wahrnehmungen abzustimmen mit den je eigenen Einstellungen und Verhaltensweisen, um diese zu korrigieren und in konkretes Handeln umzusetzen. Insoweit stehen die Mädchenhäuser, das Projekt Leben lernen e.V. und die speziellen Hamburger Projekte als Modelle für eine bereits eingetretene, aber noch zu vollendende Weiterentwicklung der Jugendhilfe, die sich durch eine neue Sicht *und* neues

Handeln auszeichnet. Das Ziel ist erreicht, wenn die Stärkung des Selbstbewußtseins von Mädchen, die Förderung ihrer sexuellen, geschlechtlichen und persönlichen Identität und der Auf- und Ausbau ihrer Handlungsautonomie zur selbstverständlichen Praxis aller Ebenen der Jugendhilfebürokraten geworden ist. Der Weg dahin ist noch lang, aber er muß und kann beschritten werden – das Ziel ist erkannt und erreichbar.

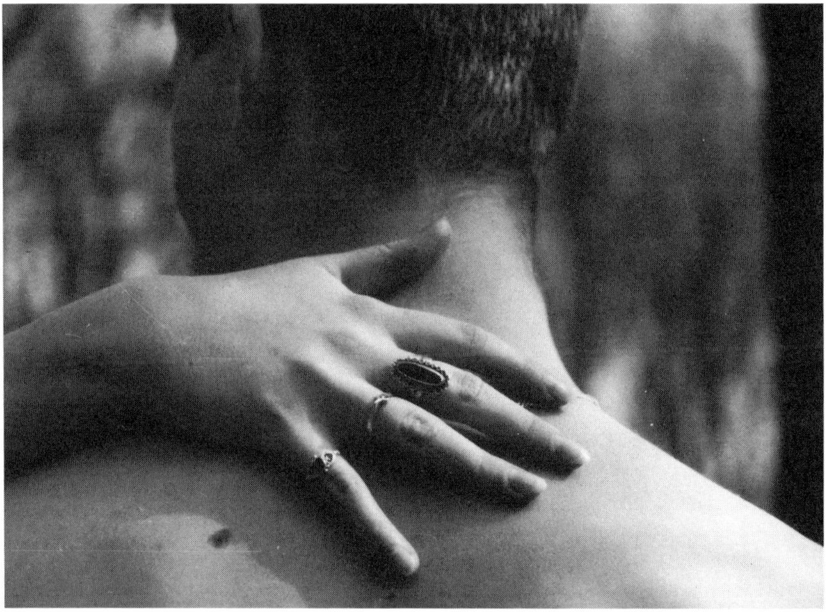

Literatur

Abel, A., G. Glück und G. Strötges: "Das Ende der Flippi-Sexualität, Partnerschaft im alten Stil? Eine empirische Untersuchung mit Jugendlichen." In: Praktische Sexualmedizin, 7/1986, S. 21-26

Amann, S. und M. Paul: Jugendsexualität und Aids. Eie Untersuchung an Kölner Schulen. Unveröffentlichtes Manuskript, Diplomarbeit, Heilpädagogische Fakultät der Universität zu Köln, München 1989

Bass, E. und L. Davis: Trotz allem. Wege zur Selbstheilung für sexuell mißbrauchte Frauen, Berlin 1990

Bast, Ch.: Weibliche Autonomie und Identität: Untersuchungen über die Probleme von Mädchenerziehung heute, Weinheim 1988

Baurmann, M.C.: Sexualität, Gewalt und die psychischen Folgen. BKA-Forschungsreihe, Bd. 15, Wiesbaden 1983

Beck-Gernsheim, E.: Vom "Dasein für andere" zum Anspruch auf ein Stück "eigenes Leben". Individualisierungsprozesse im weiblichen Lebenszusammenhang. In: Soziale Welt '83, Heft 3, Göttingen 1983

Belotti, E.G.: Was geschieht mit kleinen Mädchen? München 1981

Bilden, H.: "Geschlechtsspezifische Sozialisation." In: K. Hurrelmann und D. Ulich (Hg.): Handbuch der Sozialisationsforschung, Weinheim und Basel 1980

Bevollmächtigte der Hessischen Landesregierung für Frauenangelegenheiten (Hg.): Bestandsaufnahme zur Situation der Mädchen in der Jugendarbeit. Hessische Mädchenstudie, Bd. 1, Wiesbaden 1986

Blandow, J., W. Winter-v. Gregory und J. Schmitz: 'Erzieherische Hilfen' - Untersuchungen zu Geschlechtsrollen-Typisierungen in Einrichtungen und Diensten der Jugendhilfe. In: W. Freigang u.a. 1986: Mädchen in Einrichtungen der Jugendhilfe. Alltag und Biographien von Mädchen, Bd. 15, Opladen 1986

Blos, P.: Preödipal Factors in the Etiology of Female Delinquency. In: Psychoanalytic Study of the Child, Vol. XII, 1957

Botens, V. und G. Stenzel: "Narben aus der Kindheit!" In: Sozial extra, 9/1987, S. 7-15

Burger, A. und G. Seidenspinner: Töchter und Mütter. Ablösung als Konflikt und Chance, Opladen 1988

Christiansen, A., K. Linde und H. Wendel: Mädchen los! Mädchen macht! Münster 1990

Clement, U.: Sexualität im sozialen Wandel: Eine empirische Vergleichsstudie an Studenten 1966 und 1981, Stuttgart 1986

"Die Zeit" v. 27.2.1987

Diezinger, A. u.a.: Am Rande der Arbeitsgesellschaft. Weibliche Behinderte und Erwerbslose. Alltag und Biographie von Mädchen, Bd. 13, Opladen 1985

Drake, H.: Frauen in der Sozialarbeit. Sexismus - Die geschlechtsspezifische Diskriminierung, Neuwied und Darmstadt 1980

Dunde, S.R. (Hg.): Aids - Was eine Krankheit verändert. Sexualität und Moral, der Einzelne und die Gesellschaft, Frankfurt 1986

Eichelkraut, R. und A. Simon: Neue Wege der Jugendarbeit mit Mädchen. In: M. Savier u.a. 1984, S. 103-143

Evangelischer Erziehungsverband e.V.: Sexuelle Gewalt an Mädchen - Pädagogische Möglichkeiten der Heimerziehung. Fortbildung Nr. 2, Hannover 1988

Firestone, S.: Frauenbefreiung und sexuelle Revolution, Frankfurt/M. 1975

Gerhards, J.: "Intimitätsmuster, risikoarmes Sexualverhalten und die Chancen aufklärender Steuerung." In: Kölner Zeitschrift für Soziologie und Sozialpsychologie 41, 3, 1989, S. 540-554

Giese, H. und G. Schmidt: Studenten-Sexualität, Reinbek bei Hamburg 1968

Haarbusch, E. und K. Jochens: "'... kann denn Liebe Sünde sein?' oder der sexuelle Lernprozeß bei Mädchen und die Jugendarbeit bei Pro Familia." In: B. Kavemann et al.: Sexualität - Unterdrückung statt Entfaltung. Alltag und Biographie von Mädchen, Bd. 9, Opladen 1985

Häberlin, A.: Erziehungsprobleme bei erziehungsschwierigen, schulentlassenen Mädchen. In: Pro Infirmas 10/1968, S. 330ff

Hagemann-White, C.: Frauenbewegung und Psychoanalyse, Basel/Frankfurt/M. 1979

Hagemann-White, C.: Sozialisation: weiblich - männlich? Alltag und Biographie von Mädchen, Bd. 1, Opladen 1984

Heinrich, K.: Feminismus und Mädchenarbeit - Das Verhältnis von Theorie und Praxis innerhalb der feministischen Mädchenarbeit. In: Neue Praxis, 2/1983, S. 137-151

Helsper, W.: "Jugend und Schule." In: H.-H. Krüger (Hg.): Handbuch der Jugendforschung, Opladen 1988

Hoffmann, Ch.: Modell: Mädchenhaus Hamburg - Schutz vor Gewalt. In: Wannseeheim für Jugendarbeit e.V. (Hg.): Sexueller Mißbrauch von Mädchen. Strategien der Befreiung, Berlin 1985

Hurrelmann, K. u.a.: Koedukation - Jungenschule auch für Mädchen? Alltag und Biographie von Mädchen, Bd. 14, Opladen 1986

Husslein, A.: Voreheliche Beziehungen - Eine empirische Studie zum Sexualverhalten der 14- bis 18jährigen in Österreich, Wien/Freiburg/Basel 1982

Institut für soziale Arbeit e.V.: Auswertung polizeilicher Vermißtenstatistiken, Münster 1982

Institut für soziale Arbeit e.V.: Erfahrungen mit dem Kinder- und Jugendnotdienst der Stadt Hamburg, Münster 1985

Institut für soziale Arbeit e.V.: Mädchenforschung in der Jugendhilfe. Soziale Praxis, H. 2. Redaktion: Gitta Trauernicht, Münster 1986
Institut für soziale Arbeit e.V.: Kinder und Jugendliche aus Ein-Eltern-Familien in Heim- und Familienpflege, Münster 1988
Institut für soziale Arbeit e.V./Landeswohlfahrtsverband Hessen (Hg.): Mädchen in öffentlicher Erziehung, Münster 1987
Jäger, H. (Hg.): Frauen und AIDS, Berlin/Heidelberg/New York/London/Paris/Tokyo/Hong Kong 1989
Jordan, E., H.-J. Hofman, W. Elger und G. Trauernicht: Jugendschutzstellen und Bereitschaftspflegefamilien - Hilfen für Kinder und Jugendliche in Krisensituationen. Schriftenreihe des Deutschen Städtetages, Köln 1984
Jordan, E. und J. Münder: Pädagogische Arbeit in Jugendschutzstellen. Anlässe, Ursachen, Rechtsfragen, Perspektiven, praktische Beispiele, Neuwied 1986
Jugendministerkonferenz vom 7./8. Mai 1987 in Wolfenbüttel: Bericht: Mädchen in der Jugendhilfe, o.Jg., o.O.
Jugendwerk der Deutschen Shell (Hg.): Jugendliche und Erwachsene '85. Generationen im Vergleich, Bde. 1-5, Opladen 1985
Kavemann, B. et al.: Sexualität - Unterdrückung statt Entfaltung. Alltag und Biographie von Mädchen, Bd. 9, Opladen 1985
Kavemann, B. und I. Lohstöter: Plädoyer für das Recht von Mädchen auf sexuelle Selbstbestimmung. In: B. Kavemann u.a. 1985. S. 6-89
Kempe, R.S. und C.H. Kempe: Kindesmißhandlung, Stuttgart 1980
Klees, R. und H. Marburger: Mädchenarbeit, Weinheim und München 1989
Klose, Ch. und Ch. Seidl: Mädchenhäuser als Zufluchtstätten für sexuell mißhandelte Mädchen - ein geeigneter Ansatz? In: Bevollmächtigte der Hessischen Landesregierung für Frauenangelegenheiten (Hg.) 1987, S. 26-32
Konopka, G.: The Adolescent Girl in Conflict. Englewood Cliffs, New York 1966
Kreyssing, U. und A. Kurth: Frauenforschung mit drogenabhängigen jugendlichen Frauen im Strafvollzug. In: Weibliche Biographien, München 1982, S. 84-93
Krüger, H. et al. (Hg.): Bericht der Kommission. Alltag und Biographie von Mädchen, Bd. 16, Opladen 1988
Krüger, H.: "Mädchen. Wenn der Körper zum Problem wird. Zwickmühlen mit unsicherem Ausgang." In: Jugend & Gesellschaft, 5/1987
Landeswohlfahrtsverband Württemberg-Hohenzollern: Jugendberater - ein Angebot der offenen Hilfe. Bilanz und Anregungen für künftige Arbeit, Stuttgart 1984
Landeswohlfahrtsverband Württemberg-Hohenzollern: Mädchenerziehung. Dokumentation einer Fortbildung, Köln 1985
Mächenhaus Bielefeld: Konzeption für das Bielefelder Mädchenhaus, Bielefeld 1987
Mädchenhaus Hamburg: Hamburger Mädchenhaus. Schutz vor Gewalt. Konzeption, Hamburg o.Jg.

Ministerium für Arbeit, Gesundheit und Soziales des Landes NRW (Hg.): Mädchen in Häusern der Offenen tür. Eine Studie zur verbesserten Einbeziehung von Mädchen in die Angebote der offenen Jugendarbeit in NW. Verfasserinnen: G. Trauernicht/M. Schumacher, Düsseldorf 1987

Ministerium für Arbeit, Gesundheit und Soziales des Landes NRW (Hg.): Offene Jugendarbeit mit Mädchen in Nordrhein-Westfalen. Arbeitshandreichung. Verfasserinngen: G. Trauernicht/M. Schumacher, Münster 1986

Naundorf, G. und C. Wildt. Der Streit um die Koedukation. In: K. Hurrelmann u.a. 1986, S. 88-173

Netzeband, G., U. Wiegmann und U. Zingeler: Mädchen in der Erziehungsbera tung. In: Fortbildungsinstitut für die pädagogische Praxis u.a.: Mädchen in Erziehungseinrichtungen: Erziehung zur Unauffälligkeit. Alltag und Biographien von Mädchen, Bd. 10, Opladen 1985

Neubauer, G. und Th. Olk (Hg.): Clique - Mädchen - Arbeit, Weinheim und München 1987

Nitschke, S.: Ein Überblick über die Entstehung und Arbeit von "Wildwasser." In: Wannseeheim für Jugendarbeit e.V. (Hg.): Sexueller Mißbrauch von Mädchen. Strategien der Befreiung, Berlin 1985

Pacharzina, K. (Hg.): AIDS und unsere Angst, Reinbek bei Hamburg 1986

Prengel, A.: Konzept zum Vorhaben "Verwirklichung der Gleichstellung von Schülerinnen und Lehrerinnen an hessischen Schulen." Hessisches Institut für Bildungsplanung und Schulentwicklung. Sonderreihe, H. 21, Wiesbaden 1986

Pressedienst des Bundesministers für Jugend, Familie, Frauen und Gesundheit: Modellprojekt: Anlauf- und Beratungsstelle mit angeschlossener Krisenwohnung für sexuell mißbrauchte Mädchen "Wildwasser", Bonn 1987

Reinke, G.: "Abweichendes" Verhlaten bei weiblichen Jugendlichen. Ein Erklärungsversuch unter Berücksichtigung geschlechtstypisierender Stigmatisierungsprozesse in Familie und Schule. Unveröffentlichte Dissertation, Lüneburg 1979

Rosen, R.: "Sexuelle Verwahrlosung" von Mädchen. Anmerkungen zur Doppelmoral in der Sozialarbeit. In: Kerscher, Ignaz 1977, S. 207-223

Rosen, R. und G. Stüwe: Ausländische Mädchen in der Bundesrepublik, Opladen 1985

Rothen, J.: "Alles noch einmal durchleben - Aspekte sexueller Kindesmißhandlung und therapeutische Ansätze für die Arbeit mit betroffenen Mädchen und Frauen." In: Verein zur Weiterbildung für Frauen e.V. (Hg.): Dokumentation zur Fachtagung "Sexueller Mißbrauch von Mädchen und Frauen", Köln 1988, S. 28-34

Rush, F.: Das bestgehütete Geheimnis: Sexueller Kindesmißbrauch, Berlin 1982

Savier, M. et al.: Alltagsbewältigung: Rückzug - Widerstand, Opladen 1984

Savier, M. und C. Wild: Mädchen zwischen Anpassung und Widerstand, München 1978

Schenk, H.: Die feministische Herausforderung, München 1980
Schildmann, U.: Zur Situation behinderter Mädchen – Realität und Träume im Kontrast. In: A. Diezinger u.a. 1985
Schmidt, G.: Das große Der, Die, Das. Über das Sexuelle, Herbstein 1988
Schmid-Tannwald, J. und A. Urdze: Sexualität und Kontrazeption aus der Sicht der Jugendlichen und ihrer Eltern. Schriftenreihe des Ministers für Jugend, Familie und Gesundheit, Bd. 132, Stuttgart 1983
Schütze, Y.: "Jugend und Familie." In: H.-H. Krüger (Hg.): Handbuch der Jugend-for schung, Opladen 1988
Schwarzmann, J.: Die Verwahrlosung der weiblichen Jugendlichen, München 1971
Seidenspinner, G. u.a.: Vom Nutzen weiblicher Lohnarbeit. Alltag und Biographie von Mädchen, Bd. 3, Opladen 1984
Seidl, O. und M. Ermann: "Psychosoziale AIDS-Forschung." In: H. Jäger (Hg.): Frauen und AIDS
Sielert, U.: Sexualerziehung in der Jugendarbeit. Expertise, unveröffentlichtes Manuskript, Iserlohn 1985
Sielert, U. und H. Marburger: Sexualpädagogik in der Jugendhilfe, Neuwied 1990
Sigusch, V. und G. Schmidt: Jugendsexualität. Dokumentation einer Untersuchung, Stuttgart 1973
Specht, F.: Sozialpsychologische Gegenwartsprobleme der Jugendverwahrlosung, Stuttgart 1967
Spender, D.: Frauen kommen nicht vor. Sexismus im Bildungswesen, Frankfurt/M. 1985
Stallberg, F.W.: Prostitution als soziales Problem, Hamm 1988
Steinhage, R.: Sexueller Mißbrauch an Mädchen. Ein Handbuch für Beratung und Therapie, Reinbek bei Hamburg 1989
Steinvorth, G.: Diagnose: Verwahrlosung. Eine psychologische Analyse anhand von Jugendamtsakten, München 1973
Trauernicht, G.: "Jugend und Aids – Aids-Beratung für Mädchen mit besonderer Berücksichtigung von Mädchen in Krisen sexueller Entwicklung." Unveröffentlichter Projektantrag des Instituts für soziale Arbeit e.V., Münster 1988
Trauernicht, G.: Mädchenarbeit – Grundpositionen, Konfliktlinien und Entwicklung in der Praxis. Unveröffentlichtes Manuskript, Münster 1988
Trube-Becker, E.: Gewalt gegen das Kind, Heidelberg ²1987
Unger, R.K.: Female and Male, Sex and Gender, New York 1979
Walter, M. (Hg.): Ach wär's doch nur ein böser Traum, Freiburg 1989
Wolffersdorff-Ehlert, Ch., V. Sprau-Kuhlen und J. Kersten: Geschlossene Unterbringung in Heimen – zusammenfassende Darstellung von Projektergebnissen, München 1987

Bildnachweis

Gabriele Bültmann: 10, 28, 36, 40, 56, 60, 64

Ingrid Düllberg: 20

Sandra Melcer: 14, 24, 70, 108

Dunja Merten: 74, 82, 88

Stefanie Solbach: 46

Eva Stewen: 52, 98

Die Fotografien von Sandra Melcer, Dunja Merten, Stefanie Solbach und Eva Stewen entstammen der Ausstellung "Motiv Liebe" der Volkshochschule Recklinghausen. Die Ausstellung ist das Ergebnis eines Fotoprojekts, während dessen ausschließlich Mädchen ein Jahr lang zu den Themen Liebe, Freundschaft, Sexualität diskutiert und fotografiert haben.

Die Ausstellung ist kostenlos ausleihbar. Informationen über:

VHS Recklinghausen - Gabriele Bültmann
Herzogswall 17
4350 Recklinghausen
☎ 02361-50-2003

Der Fotokatalog zur Ausstellung "Motiv Liebe" wird im Oktober 1991 im VOTUM Verlag erscheinen.

MARTHA
Psychotherapie eines Mädchens nach sexuellem Mißbrauch

von Elke Garbe

Martha ist 8 Jahre alt, als sie ihre Therapie beginnt. Über 4 Jahre hat ihr Vater sie brutal sexuell mißbraucht und bedroht.

Erst als Marthas Vater wegen eines anderen Deliktes inhaftiert wird, bringt das Mädchen den Mut auf, sich ihrer Mutter anzuvertrauen. Marthas Weg vom verängstigten Kind zur selbstbewußten Jugendlichen, die mit ihrer Vergangenheit leben und in die Zukunft blicken kann, beginnt.

Elke Garbe ist Therapeutin in Hamburg. Dreieinhalb Jahre hat sie mit Martha gearbeitet. Das Buch schildert einfühlsam und parteilich die Entwicklung vom ersten Praxisbesuch bis zur letzten Therapiestunde. Es macht Betroffenen Mut, professionelle Hilfe anzunehmen. Durch die vielen dezidierten Beschreibungen der konkreten Methoden therapeutischer Arbeit, ist es aber auch ein spannendes und qualifiziertes Fachbuch für PädagogInnen und PsychologInnen.

Es ist Elke Garbe nicht nur gelungen, am Beispiel Marthas die Bewältigung solcher traumatischen Kindheitserlebnisse zu beschreiben, sondern gleichzeitig Einblick in den Prozeß professioneller Hilfe als solchen zu gewähren.

Das Buch leistet konkrete Unterstützung für die, die Hilfe brauchen ebenso wie für die, die sie anbieten.

ca. 140 Seiten, illustriert, ca. 28 DM
ISBN 3-926549-49-1
erscheint im Oktober 1991